专业学位教学案例精选精析

税务教学案例（第一辑）

李 华 主编

中国财经出版传媒集团
经济科学出版社
Economic Science Press

图书在版编目（CIP）数据

税务教学案例. 第一辑／李华主编. —北京：经济科学出版社，2021.7

（专业学位教学案例精选精析）

ISBN 978－7－5218－2652－4

Ⅰ.①税… Ⅱ.①李… Ⅲ.①税收管理－研究生－教案（教育）－汇编 Ⅳ.①F810.423

中国版本图书馆 CIP 数据核字（2021）第 125483 号

责任编辑：于 源 冯 蓉
责任校对：齐 杰
责任印制：范 艳 张佳裕

税务教学案例（第一辑）
李 华 主编
经济科学出版社出版、发行 新华书店经销
社址：北京市海淀区阜成路甲 28 号 邮编：100142
总编部电话：010－88191217 发行部电话：010－88191522
网址：www.esp.com.cn
电子邮箱：esp@esp.com.cn
天猫网店：经济科学出版社旗舰店
网址：http://jjkxcbs.tmall.com
北京季蜂印刷有限公司印装
710×1000 16 开 8.75 印张 160000 字
2021 年 9 月第 1 版 2021 年 9 月第 1 次印刷
ISBN 978－7－5218－2652－4 定价：36.00 元
(图书出现印装问题，本社负责调换。电话：010－88191510)
(版权所有 侵权必究 打击盗版 举报热线：010－88191661
QQ：2242791300 营销中心电话：010－88191537
电子邮箱：dbts@esp.com.cn)

目　　录

1 国有企业改制不应以牺牲税收为代价
——一个关于某国有发电企业的案例研究 ········· 1
1.1 研究背景 ········· 1
1.2 案例概述 ········· 2
1.3 案例中所涉及的利益相关各方及其行为特征 ········· 4
1.4 案例中各利益相关方之间的博弈行为分析 ········· 6
1.5 本案例带来的思考与启示 ········· 10

2 专业市场税收贡献率持续走低问题的经济学分析
——基于济南市天桥区的调查研究 ········· 14
2.1 研究背景 ········· 14
2.2 选择天桥区专业市场作为案例对象的原因 ········· 15
2.3 天桥区专业市场税收征管的特征事实 ········· 17
2.4 专业市场税收贡献率走低的原因 ········· 24
2.5 专业市场税收贡献率走低的博弈分析 ········· 38
2.6 结论 ········· 48

3 税务行政赔偿案例分析 ········· 50
3.1 税务行政赔偿诉讼情况 ········· 50
3.2 具体税务行政赔偿案例介绍 ········· 51
3.3 税务行政赔偿案例分析 ········· 54

4 税款追征制度：以德发公司案为例 ································ 56
4.1 税款追征概述 ·· 56
4.2 基本案情 ·· 57
4.3 争议焦点 ·· 59
4.4 法理分析 ·· 61
4.5 案例启示 ·· 62

5 2018年以来的增值税减税政策效应分析
——以A机械股份有限公司为例 ·· 63
5.1 引言 ·· 63
5.2 增值税减税政策背景 ··· 63
5.3 企业基本情况 ··· 64
5.4 增值税减税政策对企业的直接效应和间接效应 ························· 64
5.5 小结 ·· 70

6 北方国际并购税收筹划案例分析 ·· 74
6.1 北方国际基本情况简介 ··· 74
6.2 被并购方基本情况简介 ··· 75
6.3 并购方案简介 ··· 75
6.4 企业并购中的税收筹划 ··· 75
6.5 小结 ·· 78

7 星巴克全球避税案例分析 ·· 79
7.1 星巴克全球避税概况 ··· 79
7.2 欧盟对星巴克避税案的调查结果 ·· 84
7.3 BEPS行动计划对跨国公司避税产生的影响 ··························· 86
7.4 星巴克等国际避税案对我国的启示 ······································ 89

8 税费同征模式对企业绩效的影响分析
——以 2016 年沪深 A 股上市公司为例 ······ 92
- 8.1 《国地税征管体制改革方案》简介 ······ 92
- 8.2 社会保险费征缴体制演变 ······ 93
- 8.3 双重征缴体制下企业实际缴费率的水平测度 ······ 94
- 8.4 税费同征模式对企业绩效影响的测算 ······ 99
- 8.5 小结 ······ 106

9 镇江特大出口骗税案问题及思考 ······ 107
- 9.1 引言 ······ 107
- 9.2 出口骗税原因分析 ······ 109
- 9.3 防范出口骗税的国外经验 ······ 110
- 9.4 防范出口骗税的对策思考 ······ 115

参考文献 ······ 120
附录 ······ 125

1

国有企业改制不应以牺牲税收为代价

——一个关于某国有发电企业的案例研究①

1.1 研究背景

改革开放以来,我国国有企业改革不断取得重大进展,总体上已经同市场经济相融合,运行质量和效益明显提升,在国际国内市场涌现出一批具有核心竞争力的骨干企业,为推动经济社会发展、保障和改善民生、开拓国际市场、增强综合国力做出了重大贡献。根据 2015 年 9 月《中共中央、国务院关于深化国有企业改革的指导意见》,我国国有企业改革将继续稳步推进,其基本目标是到 2020 年,在国有企业改革重要领域和关键环节取得决定性成果,形成更加符合我国基本经济制度和社会主义市场经济发展要求的国有资产管理体制、现代企业制度、市场化经营机制,国有资本布局结构更趋合理,造就一大批德才兼备、善于经营、充满活力的优秀企业家,培育一大批具有创新能力和国际竞争力的国有骨干企业,使国有经济的活力、控制力、影响力和抗风险能力得到明显增强。

在国有企业改制的推进过程中,经常会遇到各种各样的、与税收流失有关的问题。例如,产权变更中交易主体不明确引发的税收流失,企业资产重组过程中由于政策衔接、制度配套不够等原因造成的税收流失,中外合资过程中滥用优惠政策出现的税收流失,企业破产清算时忽略历史积欠带来的税收流失,等等。从现有研究来看,虽然自 20 世纪 90 年代末开始就不断有文献关注国企改制中出现的税收问题(如马淑英,1999;郑雪芳,2000;刘少梅、李琦,2001;赵龙,

---

① 该案例由济南市历城国税局提供。

2006；刘克勇、刘晓光，2007；赵国华，2014），但基本上都是现象罗列或问题归纳，很少有深入的案例研究，更谈不上深层次根源的剖析。本章以某大型国有电力企业改制过程中出现的漏税案为背景，从委托—代理、信息不对称以及行为博弈等角度对利益相关各方的涉税行为进行分析，以揭示国企改制税收问题的深层次根源，从而为即将开始的新一轮国有企业改革和改制提供借鉴和启示。

1.2 案例概述

1.2.1 改制前后的企业基本情况

本章聚焦的案例分析对象是某发电有限公司。该公司2010年由原国有发电厂（省属大企业）的7号、9号、10号机组改制而来，现在是中国华能集团有限公司旗下的全资企业，目前该公司供热面积占所在市集中供热面积的30%，是城市电压支撑点和最大的热源。该公司登记注册类型为其他有限责任公司，核算方式为独立核算、自负盈亏、单独申报纳税。

此外，原国有发电厂的5号和6号机组（省财政厅持股100%）以及8号机组（其中，省国际信托股份有限公司持股70%，中国华能集团有限公司持股30%），虽未改制，但均以该发电有限公司的名义继续对外生产经营、开具发票，并单独核算、自负盈亏，单独申报纳税。其中，5号和6号机组于2009年停产并拆除，场地和部分资产并入新企业，只保有一些发电计划转让业务，尚需缴纳增值税。

1.2.2 改制内容：政府主导，清理旧债

为了剥离不良资产，使改制后的新企业甩掉旧债和历史包袱，轻装前进，2011年底，山东省政府专门召集省发改委、省经信委、省国土资源厅、省财政厅、省水利厅、省审计厅、省环保厅、省物价局代表和省电力集团华能公司代表开会，研究5号和6号两个已拆除机组的历史遗留债务问题。针对2007~2011年6月末5号和6号机组亏欠的逾63 000万元债务，会议决定采取"多家抬"的方式进行化解，措施包括：省财政返还2007年以前5号和6号机组上缴利润；中国华能集团有限公司将之前应摊未摊的土地资产及相应权益列入两个机组的土地资产，将该公司占用的两个机组的电容收益近6 000万元列入其机组收入，同时扣减其亏损；省物价局核准从2012年起的4年内，对该企业7号、8号、9

号、10号机组上网电价每千瓦时增加0.01元，作为临时电价补贴用以弥补两机组债务；省水利厅暂停征收该企业水资源费3 500万元；省环保厅、财政厅对该公司新上环保项目给予专项资金补贴等。值得注意的是，税务部门并没有受到邀请出席此次会议，从而失去了参与企业改制工作，及早防范税务风险的机会。

1.2.3　税务风险的发现

2014年8月，该企业所在地的区国税局大企业分局按照市国税局的风险疑点核查要求，对该企业7号、9号、10号机组和以该企业名义运营的8号机组的企业所得税营业收入与增值税销售收入差异情况进行了重点审核。结果发现，该企业存在以临时电价补贴冲减主营业务收入的情况。也就是说，一方面，该企业按照电价全额，即包含每千瓦时0.01元临时电价补贴的价格，开具增值税专用发票，并计入主营业务收入，计提销项税额；另一方面，每当月底，该企业却以弥补5号、6号机组历史亏损的名义，按照发电量和每千瓦时0.01元临时电价补贴的价格计算出临时电价补贴金额，并以负数形式直接冲减主营业务收入。这样一来，电价补贴部分既未计入营业外收入，也未形成主营业务收入，企业的应纳税所得额减少，应纳所得税额也随之遗漏。因此，少计收入、少计税款的纳税风险已经形成，需要该企业通过纳税调整及时纠正。

1.2.4　征纳双方围绕税务处理的反复博弈

当税务评估人员询问企业将电价补贴直接冲减主营业务收入的原因时，该企业财务及办税人员答复称，该临时电价补贴是省政府为解决5号和6号机组历史亏损问题，要求7、8、9、10号机组的上网电价每千瓦时提高0.01元而形成的，并且出具了2011年《省政府会议纪要》和省物价局相关文件。

税务部门结合《中华人民共和国企业所得税法》相关条文（见附录1），明确指出不能将该企业电价补贴直接冲减主营业务收入，而应当并入应纳税所得额，缴纳企业所得税。并且于2014年8月向该企业下达《企业税收风险管理建议书》，要求企业排查风险，及时进行纳税调整。9月底再次要求企业纠正问题，得到的答复是企业领导不同意进行纳税调整。

2014年10月，税务部门约谈该公司办税人员，对公司存在的问题和相关数据进行了政策说明，但未能得到积极响应。2014年12月税务部门再次督促该公司财务人员，得到的答复是公司不能自行更改ERP账务处理系统，须等到企业所得税汇算清缴时方能全面调整。税务管理人员告知企业只需进行纳税调整，无须进行账务处理即可,但直至 2015 年 6 月 1 日企业所得税汇算清缴结束时,该公司仍然拒绝按照税务部门意见自行申报纳税。其间,税务人员曾多次到企业进行政策讲解,要求企业依法进行纳税申报,而该企业领导和财务人员却一直强调 2011 年《省政府会议纪要》和物价局文件在税务处理上的有效性,并试图通过咨询上级税务部门和走上层路线搞"人情税"。

当以上种种措施未果后,2015 年 6 月,税务部门对该企业进行了纳税检查,并随之做出以下处理:根据 2011~2014 年该公司以电价补贴累计冲减的主营业务收入,计算出其应补缴企业所得税 3 800 多万元以及应缴滞纳金 200 多万元,同时需接受少缴税款的 50%以上 5 倍以下罚款。最终,直至 2015 年 10 月,该企业接受了以上处理结果,这场因国企改制引发的漏税案总算落下了帷幕。

1.3 案例中所涉及的利益相关各方及其行为特征

通过案例背景与过程的描述可以发现,省政府、国有发电企业与基层税务部门三方当事人之间,存在微妙的利益相关关系。为了进一步挖掘国企改制中税收流失问题产生的深层次原因,首先有必要对该案例所涉及的利益相关各方及其行为特征做出描述与分析。

1.3.1 省政府

本案例中,无论是最初该国有发电企业扶持政策的推出,还是后期企业的博弈选择,都与省政府息息相关。从表面上看,税收行为看似是税务部门与纳税人之间的关系,但是基于大型国有企业与省政府关系的特殊性,省政府在此案例中也成为重要的参与者,其行为定位和特征可以概括为以下几个方面。

1. 国企改制的规划者和指导者

当前我国缺乏统一的产权交易市场和统一管理法规,产权交易和国企改制的规章多由各地人民政府及其授权单位自行制定,在产权交易过程中难免出现地方政府及相关部门为支持地方国有企业改制而各自为政出台一些优惠政策的情形。对于关系国计民生和当地经济发展的大型国有企业,如果企业经营状况出现问题,省政府自然会适当给予优惠政策加以扶持,以保证居民生活不受干扰以及当地经济发展相对平稳。

2. 大型国企的"后援团"

尽管国有企业改制后变身为股份有限公司,但是由于国家对其股权仍占有较大比重，而且对于国有企业高管的任命，很大程度上仍旧由中央或者省政府决定，因而省政府与国有企业便存在多重委托—代理关系。在本案例中，当该国有发电企业改为股份有限公司后，其股东华能某省股份有限公司、省信托有限公司及省财政厅便成为该国有发电企业的直接委托人，该企业管理层是代理人；同时，华能某省股份有限公司、省信托有限公司及省财政厅又是省政府的委托人。这样，为了促使代理人努力工作，居于委托人身份的省政府必然会协同其所属部门，通过政府补贴等方式给予企业以扶持。另外，当大型国有企业经济效益滑坡时，省政府及其各部门也必然施以援手。

3. 基层税务部门的非直接利益相关者

一方面，省政府出于对地方经济增长最大化的追求，必然重视当地税收收入的健康可持续增长，以及税收收入占 GDP 足够的比重。这一点与各级税务部门的利益诉求一致。但是另一方面，由于目前我国税务部门实行的是垂直管理制度，即基层税务部门直接受上级税务部门管理，而非当地政府，因此，政府与税务部门的利益最大化实现方式往往存在差异。省政府在做出某些事关当地利益的决议时，可能把税务部门的利益放在考虑范围之外，有意无意地忽略税收。比如，在国企改制中，有的地方政府仅把税务部门作为下属，改制中的许多问题少谈甚至避而不谈，造成企业改制与税收管理两张皮。有的地方政府基于地方保护主义和自身利益考虑，企业改制中，想方设法能为地方多留一点，从而造成国家税款流失，有些问题当税务部门了解时已无可挽回。更有甚者，在出现税收问题时，有的地方政府可能凭借地位优势压制基层税务部门。

1.3.2 大型国有企业

该国有发电企业是案例的核心利益主体，其行为特征包含了普通企业共性及大型国有企业独有特征。

首先，作为地方经济发展的主要贡献者，国有控股企业大多处于关系国计民生的行业，比如矿产、能源、通信以及高科技等。如果其经营不善而最终倒闭，则会影响当地居民及企业的基础产品供应，并影响经济的正常发展。

其次，作为政府的直接利益相关者，在企业遇到困境时，政府必定不会袖手旁观。当国有企业认识到政府的这一特点时，其行为也会发生微妙变化：企业的风险厌恶程度会降低，为了追求利益敢于铤而走险。有了政府庇护，同样风险产生后企业的损失会相对变小，因此企业会为了追求更高收益而更加敢于冒险。

最后，作为纳税义务人，大型国有企业亦有依法纳税的义务。由于税务部门难以完全掌握企业信息，对于企业自行申报的应税收入是否属实很难全部进行查实，因此，企业可以相机选择"如实申报"和"不如实申报"两种决策：不如实申报的企业可能会少缴税款，企业的税后收益会高于如实申报下的税后收益，所以企业有不如实申报的激励。除此之外，即使企业在道德谴责的激励下选择如实申报，企业也可能因报税人员政策了解不足而产生实际纳税申报额低于或者高于应纳税申报额的现象。因此，在自行申报为主的纳税政策下，企业实际申报额与应报纳税额不一致是一种常见现象。

1.3.3 基层税务部门

作为征税单位，基层税务部门的行为特征是比较单纯的，即在现有的政策和人力物力、信息等条件下，尽可能保证税款的征收率，扩大征税收入。但是，税务部门的征税数额不能任意扩大，必须受到相关法律法规和政策的约束。税务部门享有税务管理、税收征收、税务检查、税务处罚等权力，同时税务部门权力的行使又可能会受到政府行为的制约。

综上可见，在本案例中，基层税务部门在国有企业改制过程中所处的境地始终尴尬被动：既无法参与资产重组的决策，也难以把握企业改制的进度和企业财务变化的新情况，在信息严重不对称的条件下，很难及时发现企业纳税行为不规范等问题。在本案例中，直至 2014 年 10 月，即企业用电价补贴直接冲减主营业务收入长达近 3 年之久后，税务部门才发现了问题。更令人遗憾的是，当漏税问题和处理意见明朗化后，企业并没有积极补税，而是一再推诿、辩解，搞"人情税"，甚至通过上级部门向基层税务部门施压。

1.4 案例中各利益相关方之间的博弈行为分析

纵观本案例的发展过程，可以分为两个阶段：第一阶段是 2011 年底至 2014 年 10 月之前，即问题的产生与积累阶段；第二阶段是 2014 年 10 月至 2015 年 10 月，即问题的暴露与解决阶段。下面分别对两阶段各利益相关方之间的博弈行为进行分析，以便从深层次剖析企业漏税和不积极补税的根源。

1.4.1 纳税申报不足问题的产生根源

一方面，该国有发电企业改制完成后，经营状况不佳，加之改制前 5 号、6 号机组遗留债务问题严重，不仅阻碍了公司发展，而且对当地居民生活和下游企业发展极为不利。毕竟，电力行业是关系国计民生的行业，而该公司的供热面积占到了当地供热总面积的 30% 左右。另一方面，如前所述，省政府与该国有发电企业存在多重委托—代理关系，省政府有激励对该企业实行税费优惠政策，比如暂停征收水资源费、进行价格补贴等。综合以上两方面考虑，省政府召集相关部门听取省审计厅关于该企业已拆除机组的审计情况报告并通过对该企业"多家抬"扶持政策的决议也就合乎情理。那么，看似合情合理的决议，却又为什么会造成税收收入的流失呢？

按照省政府及省物价局的文件，物价局核准在 4 年内对该企业 7 号、8 号、9 号、10 号机组上网电价每千瓦时增加 0.01 元作为临时电价补贴，而按照税法要求，该部分电价补贴的 25% 需要上交企业所得税，也就是说企业真正享受到的价格补贴应该是每千瓦时 0.0075 元。表面来看，税收流失是参与改制的各方在设计补贴方案时无意间忽略了税收的结果，实际上，税收流失的产生反映了当前国有企业改制的不规范性：其一，缺乏统一的产权交易市场和全国性的管理机构，各地的产权交易市场都是各地自发建立的，比较混乱；其二，缺乏统一的立法规定和专门性的管理法规，仅依靠地方政策或行政规章制度，难免会造成地方政府及相关部门为支持地方国有企业改制而各自为政出台一些优惠政策，影响了产权交易的法律约束力；其三，国企改制是当前一项中心工作，税务部门工作与国有企业息息相关，但在实际改制期间，企业主管部门往往不通知税务部门参与其中，导致税务部门对企业改制的情况知之较少，更谈不上及时、有效地堵塞漏洞；其四，企业在兼并或破产进行存量资产重组时，大都着眼于土地、厂房的开发利用，主观上都希望通过改制甩掉银行贷款和欠税等债务，而地方政府基于自身利益考虑，也想方设法为地方多留一点，这也必然造成国家税款流失。

税收补贴实行后，该企业采取以电价补贴冲减主营业务收入的方法进行账务处理，且长达数年之久。不管这是由于企业的疏漏造成还是企业有意为之，都跟税务部门与企业间的信息不对称有很大关系。由于国有企业改制完成初期，企业的领导组织结构、组织方式发生很大变化，财务处理上也会遇到一些新的问题，而刚刚改制完成的国有企业财务及相关纳税人员可能对部分税收法规的理解不透彻，对纳税申报存有许多疑点，由此可能会造成企业纳税申报的遗漏。除此之外，即使企业相关人员深谙纳税申报的政策，由于信息不对称，即税务部门对国有企业纳税信息的了解远远少于国有企业本身。因此，税务部门与国有企业纳税信息不对称问题也是造成这种错误记账方法持续时间如此之久的一个重要原因。

1.4.2 企业拒绝积极补税的博弈机理

税务部门发现该企业税收遗漏问题后,曾向企业多次做了政策说明,但是企业仍旧没有积极补税,最终,由于过了汇算清缴截止日,除了补缴税款以及承受相应罚款以外,企业还承担了200多万元的滞纳金。如果企业能够及时意识到问题后积极补税,至少200多万元的滞纳金就可以避免。那么,作为追求利益最大化的理性经济人,该国有企业做出这种选择的依据是什么呢?

下面运用博弈方法,对政府行为的选择以及国有企业收益分布进行分析,从而寻找国有企业拒绝积极补税的原因。

1. 自利条件下政府与国有企业的选择

自利条件下国有企业的收益分布如表1-1所示。

表1-1　　　　　　　自利条件下国有企业的收益分布

	国有企业			
	不积极补税			积极补税
	政府选择			
	$qi(T+F+kT)>G$ 时,帮助国有企业		$qi(T+F+kT)<G$ 时,不帮助国有企业	
	成功	不成功		
国有企业收益	0	$-(T+F+kT)$	$-(T+F+kT)$	$-T$

结合案例做出如下假设:

假设(1) 政府和国有企业都是理性人,以追求各自效用最大化为目标。

假设(2) 政府因为给税务部门提供资源便利等原因,有阻止税务部门追收税款的潜在可能性,但是政府因此而产生的成本为 G,且阻止成功的概率为 q。

假设(3) 国有企业接受税务部门的惩罚包含少缴税款 T,滞纳金 F 以及罚款 kT,其中 $0.5<k<5$。政府作为国有企业的股东,因此而遭到的税后利润损失为 $i(T+F+kT)$,其中 $0<i\leq1$。

假设(4) 政府选择帮助企业"说情"的概率为 p。

①如果国有企业选择不积极补税:政府选择帮助企业"说情"的概率 p 与政府"说情"的成功率 q、政府对国有企业持股比例 i、所欠税款 T、滞纳金 F、税收惩罚的力度 k 正相关,与政府"说情"过程产生的成本 G 负相关。

对于企业，在政府既定的帮助企业"说情"概率 p 下，企业的效用函数为：

$$U_1 = pq \times 0 + p(1-q)[-(T+F+kT)] + (1-p)[-(T+F+kT)]$$
$$= -(1-pq)(T+F+kT)$$

由此可知，企业的效用函数与政府帮助企业说情的概率 p、政府说情成功的概率 q 正相关，与所欠税款 T、滞纳金 F、税收惩罚的力度 k 负相关。即政府帮助企业"说情"的概率越大、政府"说情"成功的概率越大，企业的效用越大；企业所欠税款越多、滞纳金罚款越重、税收惩罚的力度越大，企业的效用越小。

②如果企业积极补税：国有企业的效用为固定值 −T。且 U_1 与 T 的大小关系依赖于 p、q、F、k。

因此，当政府帮助企业"说情"的概率 p 越大、政府"说情"成功的概率 q 越大、滞纳金罚款 F 越轻、税收惩罚的力度 k 越小，企业不积极补税的效用 U_1 越是有可能大于积极补税下的效用 −T，从而采取不积极补税的策略。

2. 考虑声誉影响时政府与国有企业的选择

考虑声誉条件下国有企业的收益分布如表 1-2 所示。

表 1-2　　　　　　　考虑声誉下国有企业的收益分布

	国有企业			
	不积极补税			积极补税
	政府选择			
	qi(T+F+kT) > G+qmD 时，帮助国有企业		qi(T+F+kT) < G+qmD 时，不帮助国有企业	
	成功	不成功		
国有企业收益	0	−(T+F+kT) − D	−(T+F+kT) − D	−T

假设：假设（1）~假设（4）与前面自利条件下相同。

国有企业未及时补缴税款的行为会被三方相关利益人以外的人知晓，从而对国有企业造成的声誉影响为 −D。政府因此造成的声誉损失为 mD，其中 0 < m ≤ 1。但是，政府"说情"成功后，政府和企业将没有声誉损失。

①如果国有企业不积极补税：由表 1-2 可以看出，政府和国有企业考虑声誉影响时，政府选择帮助企业"说情"的概率 p 与政府说情的成功率 q、政府对国有企业持股比例 i、所欠税款 T、滞纳金 F、税收惩罚的力度 k 正相关，与政府"说情"过程产生的成本 G 与政府因国企未及时补税造成的声誉损失 mD 之和负

相关。在其他条件不变的情况下，政府考虑声誉影响后选择帮助企业"说情"的概率会降低。

对于国有企业，在既定的政府帮助企业"说情"概率 q 下，企业的效用函数为：

$$U_2 = pq \times 0 + p(1-q)[-(T+F+kT)-D] + (1-p)[-(T+F+kT)-D]$$
$$= -(1-pq)(T+F+kT-D)$$

可以看出，与不考虑声誉影响情形相比，唯一的区别就是企业的效用也与声誉损失 D 有关，且声誉损失越大，企业的效用越小。

②如果企业积极补税：国有企业的效用仍旧为固定值 -T。

与不考虑声誉损失不同的是，考虑声誉损失后，在其他条件不变时，声誉损失有降低企业不积极补税效用的效果，从而企业选择积极补税的概率提高。

综合自利条件下以及考虑声誉损失后的博弈结果，可以看出国有企业不选择积极补税的原因来自两个方面：一方面可能来自政府。国有企业认为政府帮助其"说情"的概率和政府"说情"成功的概率较高时，国有企业不积极补税效用大于积极补税效用的可能性较高，国有企业选择不积极补税。另一方面可能来自税务部门，税务部门加收的滞纳金及罚款较轻，以及税务部门不对国有企业税收漏缴、迟缴问题进行曝光时，国有企业不积极补税的效用可能会超过积极补税，从而国有企业采取不积极补税的措施。

1.5 本案例带来的思考与启示

通过以上案例的分析得出结论，尽管国有企业改制有利于剥离企业不良资产，减轻企业负担，实现企业健康发展，税务部门理应积极支持与配合，但是依法纳税毕竟是每个纳税人的法定义务，税收收入亦不允许被随意侵蚀，国有企业改制也不能以牺牲税收为代价。对于国企改制中涉及的税收问题，必须从涉税问题产生的根源入手，做好政府、国有企业以及税务部门三者的协调工作。除此之外，税务部门本身也需要采取适当措施，提高国有企业的纳税意识。

目前此类国企改制税收案例仍旧屡见不鲜，为了对今后国有企业改制中税收问题提供一些借鉴，本章根据本案例得出了以下几点启示。

1.5.1 提高对国企改制与税收关系的认识

国有企业是国民经济的支柱，国有企业的健康发展关系到国计民生。国有企业改制的好处也显而易见：宏观上，有利于建立现代企业制度、实现政府职能转变以及适应我国社会主义市场经济发展；企业内部来说，改制过程中，企业内部组织结构更加科学、治理机制也更加有效，有利于提高企业活力，另外，企业可以通过剥离不良资产提高竞争力。由此看来，国有企业改制的必要性是不容置疑的，税务部门也应该积极配合国有企业改制。然而，税收收入也并非可以随意被侵蚀。税收收入是国家财政收入的主要来源，是国家调控经济的重要杠杆之一，不仅依托于法律，也具有维护国家政权的严肃性。由此看来，积极推进国企改制与保证税收都是不可轻易忽视的问题，也很难衡量孰轻孰重。

现实中，由于国有企业往往是以中央或者省级政府作为最大股东，中央或者省级政府会积极维护国有企业利益，而税务部门不受政府直接管理，政府与税务部门不存在直接利益关系。因此，当国有企业或者政府做出改制决策时，税收问题往往经常会被政府所忽视，即使后期税务部门发现问题，由于税收执行者多是基层税务部门，政府及国有企业会以其地位上的优势施压税务部门，如果税务部门工作人员出于个人利益及利害关系考虑做出让步，最后必然导致牺牲税收为前提的国企改制现象发生。

因此，在今后的国企改制中，不管是政府、国有企业还是税务部门，都要提高对国企改制与税收关系的认识，不能只顾国企改制而忽视税收，不应在剥离不良资产的同时将税收一并剥离。政府以及企业在制定相关政策或者决议时，要将税收因素的影响考虑在内，而税务部门在国有企业改革中也应积极支持与配合。

1.5.2 解决信息不对称问题

1. 加强政府与税务部门之间的沟通，建立合作机制

在国有企业改制过程中，为了帮助国有企业渡过难关，政府往往会采用价格补贴、费用减免等优惠政策。正如前面所提到的，由于税务部门与地方政府在某些方面利益诉求不一致，政府对国有企业优惠政策的制定往往不会考虑税务部门的利益。当税收问题出现时，不管是税务部门做出让步，还是企业补缴税款并交纳罚款和滞纳金，都将不是最好的选择。税务部门做出让步的话，不利于税收收入的筹集，并且不利于公平、法治税收环境的形成，容易引起其他纳税人的不满情绪；企业补缴税款的话，不但企业会有部分滞纳金及罚款损失，而且政府优惠的政策效果与政策目标发生偏离，降低了政府优惠政策的效率。为了解决这个问题，税务部门应加强与政府的沟通，避免此类现象的发生。

建立与税务部门的沟通合作机制并不是一件难事。尽管税务部门与地方政府

的利益在某些方面不一致，但是大多数情况下，二者的利益最大化实现途径还是不谋而合的。因此，地方政府应与税务部门建立进行沟通合作的内在激励。在此基础上，地方政府应充分认识国企改制中税务部门参与其中的重要意义。这样，地方政府与税务部门才会实现共赢。

2. 增进税务部门与国有企业的信息沟通

税务部门与国有企业信息不对称分为两类：税务部门对国有企业改制中税收相关业务的信息了解不足与国有改制企业对纳税政策了解不充分。对税务部门而言，实现税务部门与国有企业信息畅通是一件有百利而无一害的事情；而对于国有企业而言则不全然如此，信息不对称下国有企业可以采取偷漏税策略，提高企业税后利润，尽管事后企业可能面临交滞纳金和罚款的风险，即第一类信息不对称对于国有企业是有利的，仅仅第二类信息不对称对税务部门和国有企业都是不利的。因此，税务部门可以从弱化第二类信息不对称入手，增进与国有企业的信息沟通。

国有企业改制后产生了许多新的纳税疑点，税务部门在保证税源监控与管理的条件下，可以积极主动了解国企改制后企业基本情况，不断进行税收政策宣传并进行纳税指导。尤其是国企改制完成初期，企业的财务部门以及纳税申报部门不够完善，第二类信息不对称问题更为突出，税务部门的指导也就更加有其必要性。

1.5.3 加大对国有企业偷漏税的惩罚力度

政府对国有企业的庇护作用有限，很多情况下，国有企业仍需为自己的偷漏税行为负责。因此，惩罚力度成为国有企业纳税行为选择时考虑的重要因素。目前，我国实行的滞纳金制度是从滞纳税款之日起，按日加收滞纳税款5‰的滞纳金。偷逃税的罚款制度是处以少缴税款的50%以上5倍以下罚款。5‰的滞纳金对国有企业来说并不是很高的成本，相比于一段时间后政府可能"说情"成功来说，承担滞纳金的风险是值得的。对于罚款，因为国有企业的特殊地位，即使国有企业出现偷逃税问题，并且政府"说情"无效，税务部门也基本会按照罚款规定范围的最低限加以处罚。因此，税收惩罚对国有企业的影响比一般企业小了很多，税收惩罚对国有企业起不到应有的警戒作用。因此，可以考虑出台相关法律法规，对于50%到5倍应补缴税款的处罚措施进行细分，降低税务部门及政府对国有企业税收处罚高低不一的随意性。

1.5.4 利用声誉效应提高国有企业以及地方政府税收意识

对于国有企业改制中出现的税收问题，不管是无意为之还是有意为之，国有企业纳税意识淡薄都是问题形成的一个重要原因。要想提高国有企业的纳税意识，就需要对国有企业形成一定的威慑力，而声誉无疑是国有企业非常在乎的一个方面。大型国有企业大多广为人知，长期以来在增加就业、承担社会责任等方面积累了较高的口碑，一旦企业卷入偷、漏税风波，必然会对自身声誉带来不利影响。因此，如果税务部门实行偷漏税案例曝光机制，国有企业就会出于声誉保护考虑，自觉提高纳税意识，减少偷漏税现象的发生。同时，政府在制定国有企业改制中某些优惠政策时，也会把税收因素考虑到政策选择中。最终，以牺牲税收为代价的国有企业改制问题也就有望在一定程度上得到抑制。

2

专业市场税收贡献率持续走低问题的经济学分析

——基于济南市天桥区的调查研究[①]

2.1 研究背景

传统意义上的专业市场是一种以现货批发为主,集中交易某一类商品或者若干类具有较强互补性或替代性商品的场所,是一种大规模集中交易的坐商式的市场制度安排。专业市场在拉动就业、活跃经济、推动创新方面发挥着至关重要的作用,因此,规范专业市场税收征管活动,提高税收征管效率,对专业市场持续健康发展举足轻重。

正如国内学者刘乃全(2011)[②]所概括的,我国专业市场自改革以来,其发展大体经历了三个阶段:专业市场产生、形成阶段(1978~1984年);专业市场大发展、大提高且基本成型阶段(1985~1997年)和专业市场成熟与调整、转型阶段(1998年以来)。到21世纪初,一些大型专业市场的经济意义与辐射功能,如浙江义乌小商品城、山东临沂批发市场、沈阳五爱市场、石家庄南三条、乌鲁木齐月明楼、武汉正街等,已经远远超越了当地行政区域的范围,成为带动地方经济发展的重要平台和通道。

具体到本章的专业市场研究对象来说,济南市天桥区在济南六大市辖区中是较为典型的以专业市场经营为主的辖区。一方面,其专业化程度、集聚效应对济

---

① 案例来自济南市天桥国税局与山东大学课题组的联合调研。
② 刘乃全. 专业市场三十年演进历程的全景鸟瞰——评《专业市场:地方型市场的演进》[J]. 经济研究导刊, 2011 (11): 291–292.

南市批发零售业的发展一直发挥着举足轻重的作用；另一方面，其税收征管状况直接影响到全区的税管成效。但是近年来，天桥区专业市场税收贡献率始终在低位徘徊。有增值税入库商户占比整体上呈逐年下降态势，2012年该比例为49.67%，2016年降至33.25%。如表2-1所示，2012~2016年，专业市场税收贡献率从6%左右的水平提高到8%左右的水平，增值税贡献率始终在10%左右的水平徘徊。与之形成鲜明对比的是天桥区专业市场重点税源的税收贡献率，2012~2016年，重点税源税收贡献率和增值税贡献率一直保持在50%以上的水平，税收贡献相当可观。重点税源的税收贡献率是专业市场的税收贡献率的8~10倍，重点税源的增值税贡献率是专业市场的增值税贡献率的4~6倍。虽说重点税源企业规模大、效益好、纳税能力强，但是专业市场商户数量是重点税源的30倍，过于悬殊的税收贡献率差距仍然说明专业市场的税收征管工作存在问题。

表2-1　2012~2016年天桥区专业市场与天桥区重点税源税收贡献率比较

年份	专业市场（户）	重点税源（户）	专业市场税收贡献率（%）	重点税源税收贡献率（%）	专业市场增值税贡献率（%）	重点税源增值税贡献率（%）
2012	6 263	253	5.98	55.33	10.53	54.14
2013	7 684	294	6.91	57.67	11.92	53.05
2014	9 647	320	7.16	64.85	12.45	54.54
2015	11 561	279	8.71	63.47	12.14	54.63
2016	13 027	470	8.55	68.21	10.18	64.85

资料来源：济南市天桥区国税局。

天桥区专业市场以小规模纳税人为主，2016年，市场内小规模纳税人占比超过80%。随着国家对中小企业扶持力度的增大，以中小企业为主的专业市场税收贡献率有进一步走低的压力。在此背景下，有必要探明税收贡献率走低原因，并提出行之有效的建议，以期达到提高天桥区专业市场税收贡献率的效果。

2.2　选择天桥区专业市场作为案例对象的原因

天桥区作为山东省会济南的中心城区之一，是近代济南开埠之地，也是省城老工业基地，工商业繁荣，个体资本活跃。天桥区目前共有大小专业市场60个[①]，市场内经营业户13 000余户，从业人员40 000余人，商户数量庞大，商品门类齐全，业务覆盖面广。诸如山东东亚商城、泺口服装市场、凤凰山商圈、济南银座家居有限公司等省内乃至全国知名的专业市场，均坐落在天桥区，形成了稳定的经济增长点，彰显出蓬勃的税源增收潜力。天桥区个体资本集中，专业市场云集，截至2016年底，专业市场增值税达点率[②]高达17%，远远超过济南其他城区。不仅如此，天桥区在济南六大市辖区中是较为典型的以专业市场经营为主的辖区，它的专业化程度、集聚效应对济南市批发零售业的发展一直发挥着举足轻重的作用。

从专业市场行业分布来看，天桥区专业市场门类齐全，涵盖批发零售业、制造业、建筑业、租赁和商务服务业、房地产业、金融业等16个行业门类，其纳税人统计数量如表2-2所示。其中，批发零售业占比超过九成，除去批发零售业，制造业、建筑业、租赁和商务服务业占比较高。

表2-2　　2012~2016年天桥区专业市场16个行业门类纳税人数量统计　　单位：个

行业类别	2012年	2013年	2014年	2015年	2016年
批发零售业	5 878	7 182	8 834	10 513	11 741
制造业	95	107	145	168	194
建筑业	82	106	177	229	282
租赁和商务服务业	117	164	252	312	354
房地产业	8	12	15	17	21
公共管理、社会保障和社会组织	0	0	2	3	3
交通运输、仓储邮政	11	21	31	35	43
教育	1	1	0	3	4
金融业	0	0	1	2	2
居民服务、修理和其他服务	33	30	42	49	56
科学研究和技术服务业	15	30	70	120	185

① 济南市天桥区专业市场名单，参见附录3。
② 达点率=达到起征点的商户数目/总户数。

续表

行业类别	2012 年	2013 年	2014 年	2015 年	2016 年
农林牧渔业	1	1	3	3	4
文化、体育和娱乐业	4	6	10	13	14
信息传输、软件和信息技术服务业	12	15	39	60	66
住宿和餐饮业	6	9	26	34	57
国际组织	0	0	0	0	1
总计	6 263	7 684	9 647	11 561	13 027

资料来源：济南市天桥区国税局。

从经营时间来看，专业市场内接近八成商户经营时间超过 3 年，五成左右商户经营时间超过 5 年；从营业店铺面积来看，五成左右商户店铺面积介于 10~60 平方米，小于 10 平方米的微型店铺和大于 200 平方米的大型店铺占比较小，分别占总数的 8% 左右。

从经营模式来看，天桥区专业市场商户经营模式多样，以经销商为主。其中，11% 的商户为厂家直营，23% 的商户为代理商，2% 的商户为加盟商，54% 的商户为经销商，其他类型商户占比 10%。

从客户来源来看，天桥区专业市场的辐射区域主要是山东省，特别是济南周边县市区。济南及其周边县市区客户占比 70%，山东省内其他地区客户占比 28%，其他省份和境外客户占比 2%。

因此，选择天桥区专业市场作为案例分析对象，具有良好的代表性和典型性。

2.3　天桥区专业市场税收征管的特征事实

2.3.1　纳税人类型

从税务登记类型来看，2016 年，天桥区专业市场 13 027 个纳税登记户中，55.7% 的商户是个体经营纳税人，43.8% 的商户为单位纳税人。单位纳税人分为小规模纳税人和一般纳税人，其中，小规模纳税人占比 56.3%，一般纳税人占比 43.7%（见图 2-1）。

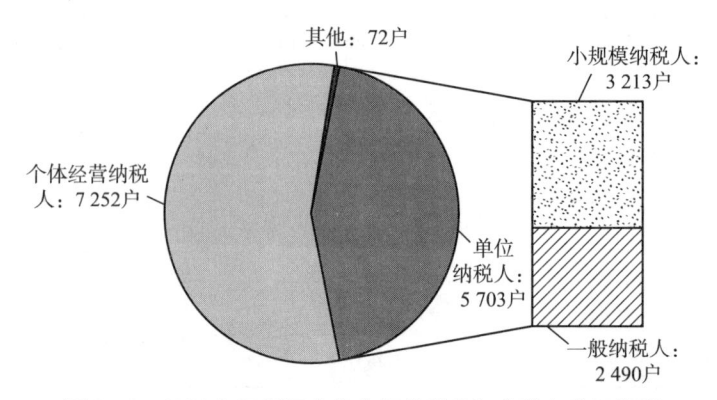

图 2-1 2016 年天桥区专业市场纳税登记户税务登记类型

资料来源：济南市天桥区国税局。

从注册资本来看，2014 年，天桥区专业市场有 71.4% 的商户注册资本少于 10 万元；2015 年，该比例为 68.8%；2016 年，该比例为 65.4%。2014 年，有 13.7% 的商户注册资本在 100 万元（含 100 万）以上；2015 年，该比例为 16.9%；2016 年，该比例为 20.6%（见图 2-2），主要分布于农林牧渔业、科学研究和技术服务业、金融业、文化、体育和娱乐业及信息传输、软件和信息技术服务业。注册资本超过 100 万元的商户数量和占比均逐年增加，但仍然只是一小部分，专业市场的主力军仍是中小企业和个体工商户。这种以小规模个体纳税人为主的专业市场特点，进一步加剧了税收征管的难度。

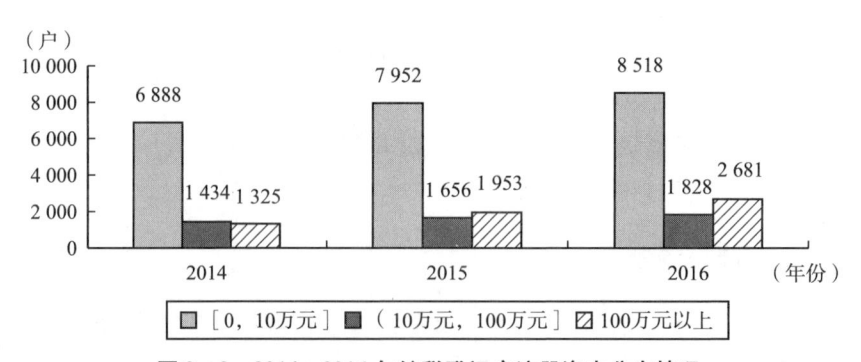

图 2-2 2014～2016 年纳税登记户注册资本分布情况

资料来源：济南市天桥区国税局。

2.3.2 税收征管方式

目前,天桥区专业市场税收征管方式主要有核定征收和查账征收两种。核定征收适用于账簿、凭证不健或者没有记账能力、无法提供准确营业额的小型个体工商户,由税务机关调查核实情况,根据商户的成本费用,包括租金、人工费等核定商户的月销售额,经民主评议后,由税务机关核定其一定期间内应纳的各项税额,分期征收,一般为一年一定或一年两定。查账征收适用于账簿、凭证、财务核算制度比较健全,能够据以如实核算,反映生产经营成果,正确计算应纳税款的纳税人。基于国税、地税、企业和银行四方签订的四方协议,纳税人在规定的纳税期限内根据自己的财务报表或经营情况,在网上自主申报其营业额和所得额,申报信息写入金三税控系统后,系统发起自动扣款,绑定账户便会自动进行银行扣款。

随着税收征管工作信息化水平不断提高,特别是自金税三期工程实施以来,涉税信息在各部门、各涉税环节可以顺畅流转、多次复用,并能够实现各数据间的交叉审核和流程监控。天桥区国税局已经实现由人工定税向人机结合的转变,商户的租金、营业面积、人工费等信息录入定税系统后,会自动生成一个月销售额的参考值,税务机关根据商户的实际情况,如店铺具体位置等对该参考值进行适当调整,最终确定商户的月销售额,这大大提高了税收征管的工作效率和工作的科学性。

2.3.3 纳税率

自 2012 年以来,天桥区专业市场中有增值税入库商户占比整体呈波动下降趋势。2012 年,有增值税入库商户比例为 49.67%,尽管 2013 年该比例出现反弹(53.76%),但是随后几年的缴税商户占比逐年下降,2015 年下降明显,由 51.29% 降至 36.29%,2014 年 10 月增值税起征点由 2 万元调高到 3 万元直接导致了 2015 年有增值税入库商户占比大幅下降,2016 年小幅下降至 33.25%(见图 2-3)。在未来的几年,在政策保持稳定的前提下,随着营改增的进一步推进、专业市场的优化升级,该比例存在回升的可能性。

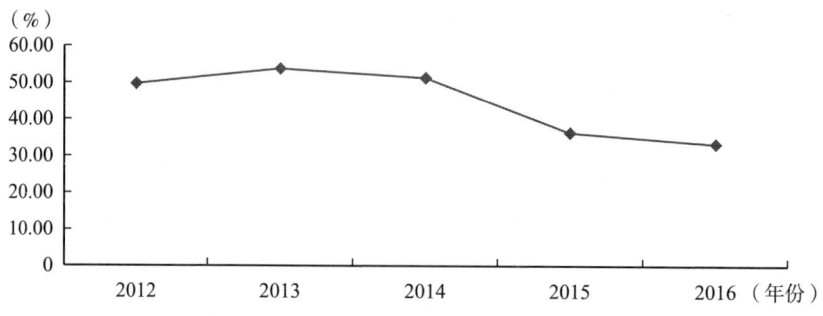

图 2-3　2012~2016 年有增值税入库商户比例

资料来源：济南市天桥区国税局。

从行业门类角度来看，天桥区专业市场内 16 个行业均存在无增值税入库商户（见表 2-3），由于某些行业商户数量少，不具有代表性，这里我们重点关注商户数量最多的 4 个行业：批发零售业、制造业、建筑业、租赁和商务服务业。批发零售业、制造业、建筑业的无增值税入库商户占比近五年呈现波动上升的趋势，这 3 个行业聚集了大量个体和小规模商户，近几年国家对小微企业的税收优惠政策优惠力度加大以及企业创立门槛降低都在不同程度上抬高了无增值税入库商户比例。租赁和商务服务业的无增值税入库商户占比近 5 年却缓步下降，主要原因是营改增之前租赁业缴纳营业税，营改增之后租赁业缴纳增值税，这使得租赁和商务服务业缴纳增值税商户增多。

表 2-3　　2012~2016 年无增值税入库商户占比分行业统计情况　　　单位：%

行业类别	2012 年	2013 年	2014 年	2015 年	2016 年
批发零售业	49.44	44.70	46.12	62.08	65.46
制造业	36.84	42.06	53.79	64.29	60.31
建筑业	53.66	58.49	68.93	71.18	65.96
租赁和商务服务业	91.45	88.41	87.30	87.18	86.44
房地产业	62.50	75.00	100.00	100.00	95.24
公共管理、社会保障和社会组织	—	—	100.00	100.00	100.00
交通运输、仓储邮政	90.91	100.00	100.00	97.14	93.02
教育	100.00	100.00	—	100.00	100.00
金融业			100.00	100.00	100.00

续表

行业类别	2012 年	2013 年	2014 年	2015 年	2016 年
居民服务、修理和其他服务	39.39	46.67	69.05	81.63	91.07
科学研究和技术服务业	73.33	66.67	80.00	80.83	79.46
农林牧渔业	100.00	100.00	100.00	66.67	75.00
文化、体育和娱乐业	50.00	66.67	90.00	100.00	100.00
信息传输、软件和信息技术服务业	91.67	80.00	84.62	86.67	87.88
住宿和餐饮业	100.00	100.00	100.00	100.00	100.00
国际组织	—	—	—	—	100.00
总计（不分行业）	50.33	46.24	48.71	63.71	66.75

资料来源：济南市天桥区国税局。

从税务登记类型来看，无增值税入库商户则主要集中于个体经营纳税人（见表 2-4），2012~2016 年，无增值税入库个体经营纳税人占无增值税入库纳税人总数的比例分别为 75.44%、72.42%、60.12%、65.80% 和 65.70%。无增值税入库个体经营纳税人数目多，一方面是因为达不到增值税起征点，另一方面也存在税收征管不力的原因。

表 2-4　2012~2016 年无增值税入库商户数目分税务登记类型统计情况　　单位：个

税务登记类型	2012 年	2013 年	2014 年	2015 年	2016 年
单位纳税人税务登记	611	812	1 700	2 343	2 803
个体经营纳税人税务登记	2 378	2 573	2 825	4 847	5 713
领取临时营业执照	2	2	3	3	3
组织临时登记	161	166	171	173	176
总计	3 152	3 553	4 699	7 366	8 695

资料来源：济南市天桥区国税局。

2.3.4　税收负担率[①]

税收负担率是指增值税纳税义务人当期应纳增值税占当期应税销售收入的比

[①] 该指标 2015 年和 2016 年数据缺失。

例。天桥区税务登记的申报资料显示（见图2-4），2010年，增值税税收负担率仅为1.51%。而到了2014年，受宏观经济、税收政策和电商冲击等影响，税收负担率降至1.28%，较2010年下降了0.23个百分点，税收负担率呈逐年走低的趋势。

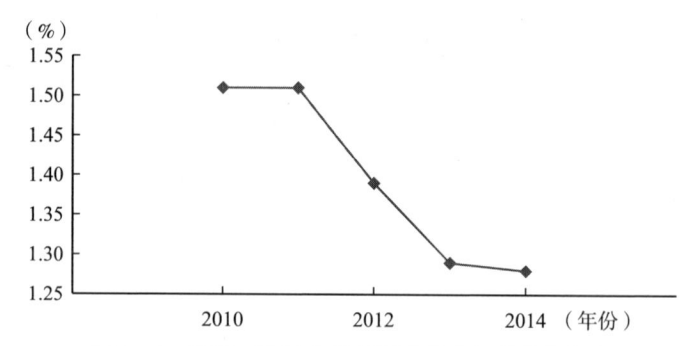

图2-4 2010~2014年天桥区专业市场税收负担率

资料来源：济南市天桥区国税局。

2.3.5 税收贡献率

专业市场税收贡献率是指专业市场做出的税收产出或税收贡献占全区总税收的比例。2012~2016年，专业市场税收贡献率从6%左右的水平提高到8%左右的水平（见表2-5），增值税贡献率始终在10%左右的水平徘徊（见表2-6）。由于天桥区是较为典型的以个体经营为主的辖区，因此，相较于济南市其他辖区，天桥区税务机关对个体和小规模经营者的税收征管工作更为重视，监管更加严格，达点率达到17%也印证了这一点。但是，与专业市场庞大的商户数量和交易额不相符的，是其较低的税收贡献率。

表2-5　　　　　　　　2012~2016年专业市场税收贡献率

年份	全区总税收（万元）	专业市场总税收（万元）	税收贡献率（%）
2012	154 087	9 215	5.98
2013	161 677	11 168	6.91
2014	190 601	13 650	7.16

续表

年份	全区总税收（万元）	专业市场总税收（万元）	税收贡献率（%）
2015	173 780	15 138	8.71
2016	221 313	18 933	8.55

资料来源：济南市天桥区国税局。

表2－6　　　　　2012～2016年专业市场增值税贡献率

年份	全区增值税（万元）	专业市场增值税（万元）	税收贡献率（%）
2012	73 220	7 712	10.53
2013	81 073	9 666	11.92
2014	95 341	11 874	12.45
2015	98 423	11 951	12.14
2016	150 219	15 290	10.18

资料来源：济南市天桥区国税局。

2.3.6 专业市场与重点税源税收贡献率比较

天桥区重点税源是一个动态变化的企业名单，税务机关根据每年企业的纳税总额筛选出一批重点税源，通常情况下，重点税源的门槛为年纳税总额50万元。

如表2－7所示，2012～2016年，重点税源的税收贡献率和增值税贡献率均超过50%，税收贡献相当可观。重点税源的税收贡献率是专业市场的税收贡献率的8～10倍，重点税源的增值税贡献率是专业市场的增值税贡献率的4～6倍。虽说重点税源企业规模大、效益好、纳税能力强，但是专业市场商户数量是重点税源的30倍，过于悬殊的税收贡献率差距仍然说明专业市场的税收征管工作存在问题。

表2－7　　2012～2016年天桥区专业市场与天桥区重点税源税收贡献率比较

年份	专业市场（户）	重点税源（户）	专业市场税收贡献率（%）	重点税源税收贡献率（%）	专业市场增值税贡献率（%）	重点税源增值税贡献率（%）
2012	6 263	253	5.98	55.33	10.53	54.14
2013	7 684	294	6.91	57.67	11.92	53.05

续表

年份	专业市场 （户）	重点税源 （户）	专业市场 税收贡献率 （%）	重点税源 税收贡献率 （%）	专业市场 增值税贡献率 （%）	重点税源 增值税贡献率 （%）
2014	9 647	320	7.16	64.85	12.45	54.54
2015	11 561	279	8.71	63.47	12.14	54.63
2016	13 027	470	8.55	68.21	10.18	64.85

资料来源：济南市天桥区国税局。

由此可见，天桥区专业市场行业门类齐全，以批发和零售业为主。市场内的纳税人多为个体和小规模经营纳税人。考虑到专业市场内的业户大多从事销售货物或提供劳务的经营活动，本章在核算税收负担率和税收贡献率时，只考虑增值税的税收负担率和税收贡献率，所得税、消费税等未做单独分析。2012~2016年，专业市场内无增值税入库商户数量不断攀升。虽然商户的应税销售收入连年上涨，但是税收负担率和税收贡献率却始终在低位徘徊。税收贡献率方面，虽然天桥区重点税源的税收贡献率理应较大，但是专业市场的税收贡献率不及重点税源的1/8，差距过于悬殊。

2.4 专业市场税收贡献率走低的原因

本节涉及的数据，一部分是国家、地市的宏观经济数据，另一部分则是源自2017年的调查问卷数据。调研共发放4套调查问卷，分别针对市场商户、市场管理者、天桥区国税局和区委区政府。其中针对市场商户的调查问卷在剔除信息不完整商户，并按简单随机抽样方法抽取调查对象后，共计发放2 906份调查问卷，最终回收2 380份调查问卷；针对市场管理者的调查问卷，共计发放并回收57份。

2.4.1 宏观经济环境

1. 宏观经济环境

（1）宏观经济数据分析。

根据国家统计局发布的我国国内生产总值数据，自2011年国内生产总值增长率降到两位数之下以来，我国宏观经济增长率一直处于下降趋势（见图2-5），

2015年国内生产总值增长率跌破7%，2016年继续下滑至6.68%。中国经济从高速增长转为中高速增长，呈现出新常态。

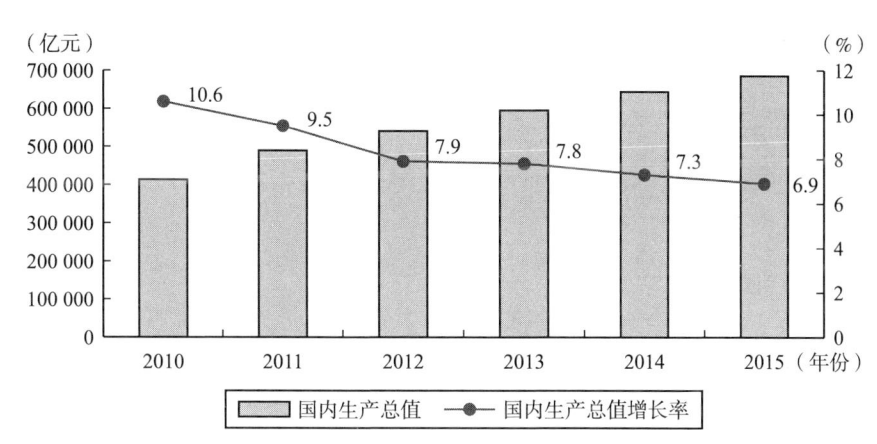

图2-5 2010~2015年国内生产总值和国内生产总值增长率

资料来源：国家统计局。

济南市的宏观经济走势与全国保持一致，如图2-6所示，2012年生产总值增长率跌破两位数，尽管2013年生产总值增长率出现小幅上涨，但是整体来看生产总值增长率一直处于波动下降的状态，2015年跌至8.1%。

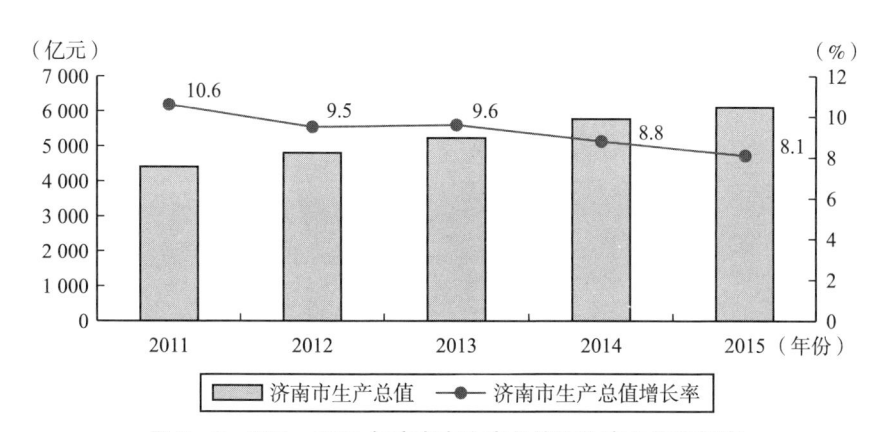

图2-6 2011~2015年济南市生产总值和生产总值增长率

资料来源：济南市统计局。

经济下行压力对天桥区专业市场的影响不容小觑。首先，专业市场聚集了大量中小规模企业和个体工商户,其抗风险能力差,面临成本上扬、融资困难、现金流紧张、大企业竞争等困境。显然,中小规模企业和个体工商户更易受到"经济寒冬"的不利影响。其次,天桥区专业市场虽然行业门类齐全,但是仍以传统产业为主,集中在纺织、服装、建材、五金、机械设备、食品等行业,从事与科学研究、教育医疗、金融业、文化娱乐业等行业有关的商户数量少、比重低。这与我国产业结构优化升级的大背景不相符,在第三产业蓬勃发展、第三产业消费需求不断增加的当下,天桥区专业市场的行业布局极大地限制了其发展水平和税收增收潜力。

(2)市场调研结果分析。

为了进一步了解当前宏观经济形势对天桥区专业市场的影响,课题组以问卷的方式对商户近年来的销售额及其对天桥区专业市场经营的市场前景进行了调查。

关于销售额增长率的调查结果表明,被调查商户中近年来销售额增长率保持稳步增长的仅占9.19%,而销售额增长率不断下降的却占近50%(见图2-7),销售额增速下降的商户数量是销售额增速上升商户数量的5倍之多,这在一定程度上反映出经济下行压力对专业市场经营的不利影响。

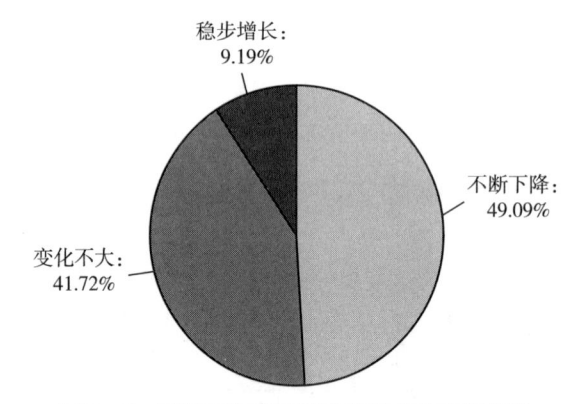

图2-7 近年来商户的销售额增长率变化趋势

资料来源:调查问卷统计结果。

与此同时,关于专业市场经营的市场前景的调研结果表明,对天桥区专业市场发展前景看好的商户仅占5.28%(见图2-8),绝大多数商户并不看好专业市场的发展前景。商户信心不足的原因是多方面的,调研结果表明(见图2-9),

2 专业市场税收贡献率持续走低问题的经济学分析

经营成本抬升居各原因之首,在接受调查的 2 380 户商家中,占比 64.03% 的商家认为,经营成本逐步提高是专业市场发展的巨大瓶颈。在与济南市天桥区专业市场的部分业户代表的座谈中,我们了解到,除了房租税费,人工费也是经营成本中不可忽视的一部分。大多数业主或企业代表表示,近年来人工费大幅上扬,推高了经营成本。比如家具城每名实习生平均每月工资 2 000 元,转正后 3 000 元的工资在经营成本中占据了较大比重。

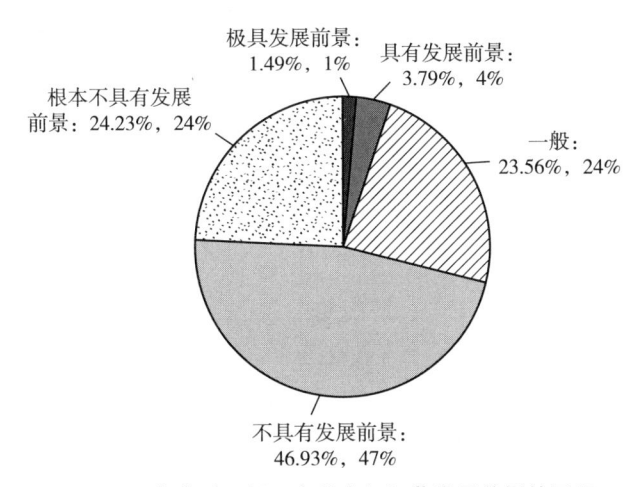

图 2-8 商户对天桥区专业市场经营发展前景的展望

资料来源:调查问卷统计结果。

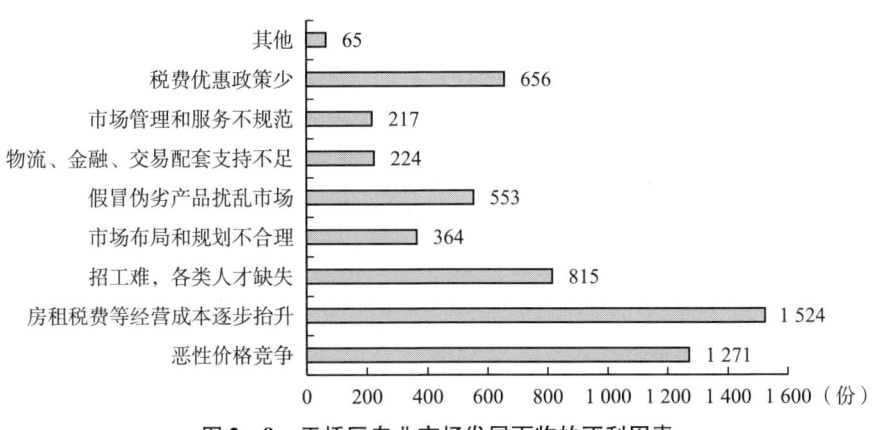

图 2-9 天桥区专业市场发展面临的不利因素

注:各因素可多选,图中数字为选择此项因素的问卷数。
资料来源:调查问卷统计结果。

由此可见，在经济下行压力下，受行业布局不科学、经营成本普遍上涨等因素制约，天桥区专业市场接近一半商户销售额增长率呈下降趋势，这是天桥区税收贡献率呈现小幅下降的重要原因之一。

2. 电子商务冲击

（1）电子商务的发展。

伴随着社会信息化进程的加快，特别是互联网的高速发展，电子商务作为较先进的商业模式在中国快速兴起并呈现蓬勃发展之势。近几年中国电子商务交易规模一直保持较快增速，年增速平均为 GDP（7%～9%）的 2～3 倍。2011 年以来，中国电子商务交易额每年以人民币 2 万亿元左右的增幅增长，增长率在 2013 年达到峰值后，近年来虽有所下降，但仍非常可观，保持在较高水平。

据阿里研究院发布的《2015 年中国城市电子商务发展指数报告》显示，济南市位列 2015 年中国"电商百佳城市"排行榜第 32 位，2014 年和 2013 年的排名分别为 31 位和 39 位。近年来，济南的电商迅速成长，产生了韩都衣舍、山东星宏电讯、买买茶等 10 多家电子商务交易额过亿元的电商企业。济南市拥有电商企业及相关经营单位 5 万多家，电商平台 460 余家，淘宝店铺近 3 万家，天猫店铺 900 余家；全市 60% 以上规模以上工业企业和限额以上批发零售企业也开展了电子商务交易业务。

电子商务对天桥区专业市场发展的冲击主要体现在两个方面：一方面，天猫、京东等电商平台的发展改变了人们的消费习惯，实体店铺原有市场份额被电商挤占，实体店铺销售收入下滑；另一方面，专业市场内的实体店铺开始投身电子商务，积极拓展业务领域和客户群体，这也一定程度上影响了实体销售收入。

（2）市场调研结果分析。

调查问卷结果显示，几乎所有的专业市场经营商户都或多或少受到电子商务的影响和冲击。74% 的被调查商户认为电子商务对传统业务造成了巨大的冲击，仅有 1/4 的商户认为电子商务对传统业务不造成冲击或者冲击程度很小（见图 2-10）。电子商务的冲击，在短期内，必然会降低实体店铺应税销售收入增长率，这也成为天桥区专业市场税收贡献率难以走高的原因之一。

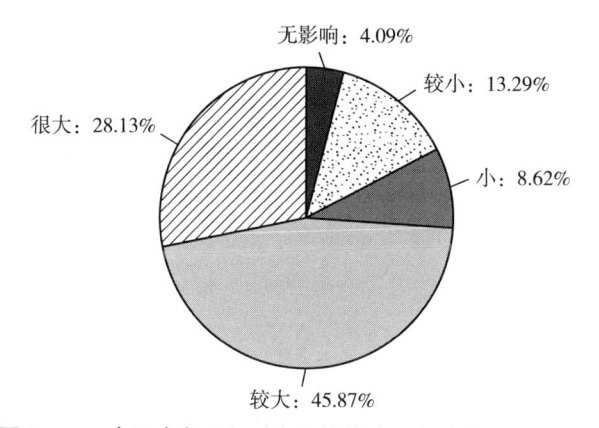

图 2-10 电子商务业务对市场的传统业务造成冲击的程度

资料来源：调查问卷统计结果。

面对电子商务的冲击，天桥区专业市场内部分商户主动拓展线上业务，以期弥补线下业务的不足或者进一步提升业务质量和数量。但是调研结果显示，天桥区专业市场内八成以上商户并没有相关线上业务（见图2-11），这一方面是由于专业市场内商户大多规模较小，人力、物力、财力有限，无法兼顾线上线下业务，另一方面是由于经营者自身知识、技术水平有限，对电子商务认识不足或者是无法掌握开展电子商务所需技能。图2-12的调研结果便印证了这一观点，天桥区专业市场内超过半数商户现期没有明确的电子商务发展规划，并且在未来也没有发展电子商务的意向。

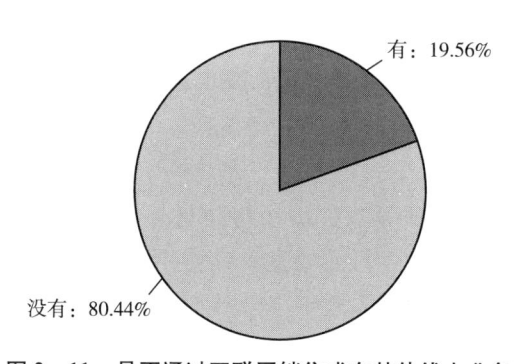

图 2-11 是否通过互联网销售或有其他线上业务

资料来源：调查问卷统计结果。

有,已规划并逐步实施:9.47%

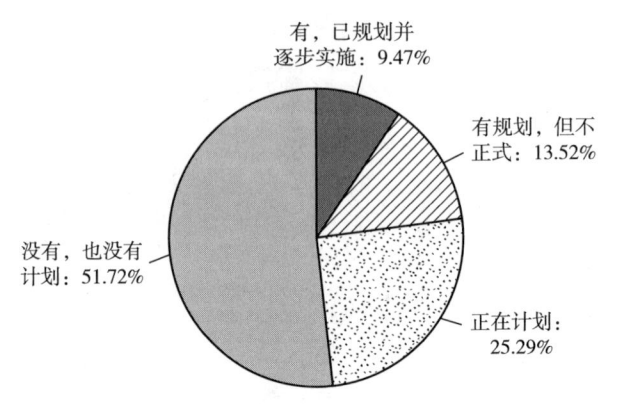

有规划,但不正式:13.52%

没有,也没有计划:51.72%

正在计划:25.29%

图 2-12 是否有明确的电子商务规划

资料来源:调查问卷统计结果。

考虑到天桥区专业市场内商户电子商务参与度低的现状,受其他电商冲击,专业市场内实体店铺销售状况短期内难有起色,甚至有进一步恶化的可能。同时,随着电子商务在专业市场内的不断渗透,市场内部分线下业务将被线上业务取代,天桥区专业市场的实体店铺销售业绩也将受到不同程度的影响。

3. 宏观调控政策的影响

(1) 房地产调控政策。

众所周知,我国的房地产调控政策经历了六次较大调整,并且严重影响了我国房地产市场的发展走势。如图 2-13、图 2-14 和图 2-15 所示,济南市房地产市场与全国房地产市场发展走势基本一致,2011 年以来市场状态低迷,天桥区相关专业市场受其影响,经营状况不容乐观。虽然 2015 年以来济南市房地产市场缓慢复苏,但是商品房销售面积增长率也只有 5%,长期走势还有待进一步观望。

反观济南市天桥区 60 个专业市场,济南黄台装饰材料商城、济南富雅家居广场、建华五金机电市场等多个市场与建材、家居、五金等行业息息相关,而这几个行业的兴衰与房地产行业的发展是密不可分的。房地产行业低迷会导致建材、家居等相关行业消费需求下降,从而影响市场销售收入,进而影响税收收入。

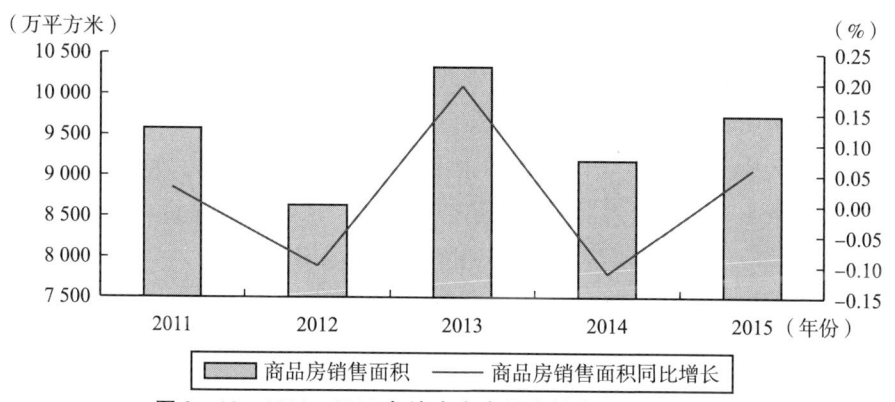

图 2-13 2011~2015 年济南市商品房销售面积和增长率

资料来源：济南市统计局。

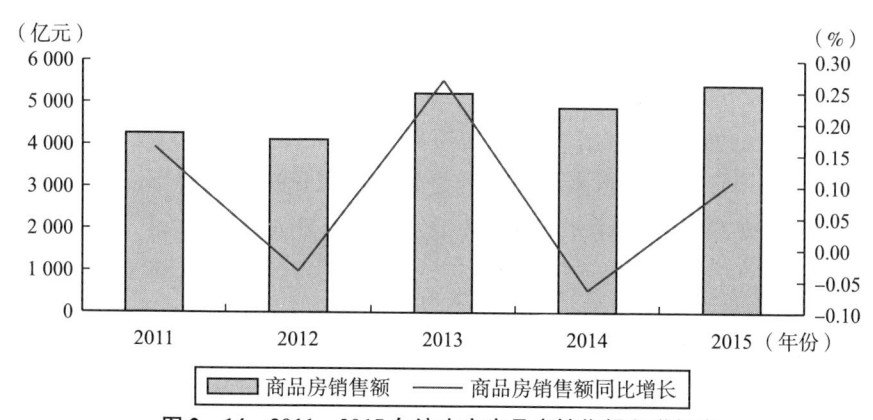

图 2-14 2011~2015 年济南市商品房销售额和增长率

资料来源：济南市统计局。

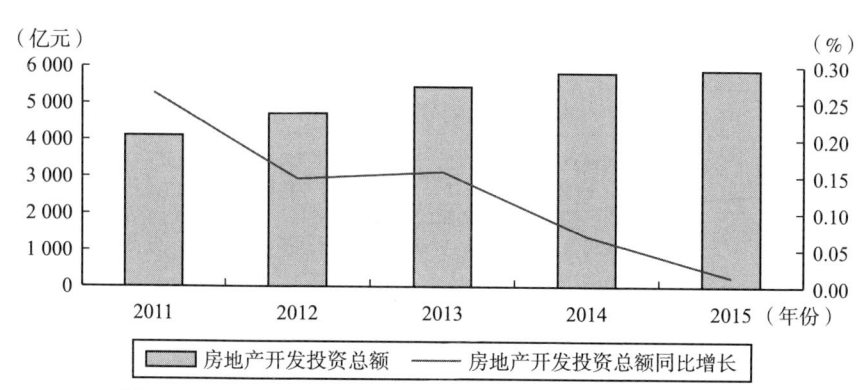

图 2-15 2011~2015 年济南市房地产开发投资总额和增长率

资料来源：济南市统计局。

(2) 反腐新政。

党的十八大以来，我国的反腐形势进入到一个新的历史阶段，反腐政策是民心所向、大势所趋，由于反腐力度增强，短期内对天桥区专业市场的经营产生了较大影响。天桥区专业市场内九成以上商户从事批发零售业，经营范围涵盖烟酒、饮料、茶叶、工艺美术品、收藏品、化妆品、家电、保健品、箱包、珠宝首饰、钟表眼镜等门类。反腐风暴极大地降低了市场对烟酒、高档礼品等的需求，造成这部分市场销售额下降。

由此可见，当前宏观经济环境对济南市天桥区专业市场的税收贡献率具有一定的影响：首先，经济形势并不十分乐观，而以中小企业和个体商户为主的专业市场对外部环境更为敏感，这导致专业市场内商户销售额增长率难以提高，从而导致专业市场税收贡献率难以走高；其次，近年来电子商务发展迅速，给传统商业带来巨大冲击，传统商业市场份额被挤占，销售额增长率放缓，导致税收贡献率不足；最后，近几年我国房地产行业处于相对低迷时期，降低了对天桥区建材、家电、五金等主要专业市场的消费需求，造成这部分市场销售额下降，进一步降低了专业市场的税收贡献率。除此之外，反腐倡廉新形势下，市场对烟酒、高档礼品等的需求大幅削减，专业市场批发零售业受到一定影响。

2.4.2 税收政策设计对税收贡献率的影响

1. 增值税起征点

为减轻小微企业税负，支持小微企业发展，我国出台了一系列针对小微企业的税收优惠政策。表2-8总结了近年来有关增值税起征点的政策规定。

表2-8　　　　　　　　　税收优惠政策汇总

时间	优惠政策内容
2011年11月1日起	增值税起征点，按期纳税的，为月销售额5 000~20 000元；按次纳税的，为每次（日）销售额300~500元。同时规定各省可根据当地实际情况，在规定的幅度内，自行确定本地区适用的起征点。其中，山东省增值税起征点为：销售货物和应税劳务的，为月销售额20 000元；按次纳税的，为每次（日）销售额500元
2013年8月1日起	对小微企业中月销售额不超过2万元的增值税小规模纳税人，暂免征收增值税
2014年10月1日起	增值税小规模纳税人，月销售额不超过3万元（含3万元）的，免征增值税。其中，以1个季度为纳税期限的增值税小规模纳税人，季度销售额不超过9万元的，免征增值税

天桥区专业市场以个体纳税人和小规模纳税人为主。如表2-9所示，2016年，个体纳税人7 252户，小规模纳税人3 213户，两者共占纳税人总数的80.3%。截至2016年底，天桥区专业市场增值税达点率为17%，即天桥区专业市场中83%的个体和小规模纳税人符合小规模纳税人增值税免税规定。这就意味着天桥区专业市场中只有1 779户小规模纳税人需要缴纳增值税。2012~2016年，个体和小规模纳税人占比始终保持在80%以上，增值税起征点的规定使得这80%的纳税人中只有20%左右的纳税人需要缴纳增值税。增值税起征点优惠政策覆盖范围的扩大、增值税起征点的提高以及天桥区专业市场以小规模纳税人为主的客观现实决定了专业市场增值税金额以及税收贡献率处于一个较低水平。

表2-9　2012~2016年天桥区专业市场纳税登记户分类型数量统计

年份	个体纳税人（户）	小规模纳税人（户）	一般纳税人（户）
2012	4 354	844	887
2013	5 395	1 038	1 072
2014	6 349	1 672	1 446
2015	7 371	2 564	1 796
2016	7 252	3 213	2 490

资料来源：济南市天桥区国税局。

2. 小规模纳税人增值税征收率

根据我国目前的增值税收政策，小规模纳税人（包括个体纳税人）的增值税征收率是3%。在天桥区专业市场中，小规模纳税人构成了纳税人的主体。据统计，2016年，天桥区专业市场中，小规模纳税人（包括个体纳税人）的数目为10 465个，占总商户的比例高达80.3%。小规模纳税人应税销售收入少、增值税征收率相对较低，这造成了小规模纳税人缴纳增值税金额较少的情况，进而导致整个市场增值税缴纳税额相对较少。

如表2-10所示，2012~2016年，专业市场内占比超过80%的小规模纳税人（包括个体纳税人）仅贡献了25%~30%的增值税，税率（征收率）差异的影响不可忽视。

表 2-10　　　　　　　2012~2016 年小规模纳税人增值税入库情况

年份	小规模纳税人数目（户）	专业市场总户数（户）	小规模纳税人增值税入库（万元）	专业市场增值税入库（万元）
2012	5 198	6 263	1 975	7 712
2013	6 433	7 684	2 900	9 666
2014	8 021	9 647	3 541	11 874
2015	9 935	11 561	3 270	11 951
2016	10 465	13 027	4 251	15 290

资料来源：济南市天桥区国税局。

3. 小微企业税收优惠政策的享受程度

反观天桥区专业市场，小微企业云集。受益于国家连续出台的增值税税收优惠政策，需要缴纳增值税的纳税人数目不断下降，增值税入库金额也一直处于较低水平。但是，调查问卷统计结果显示，天桥区专业市场纳税人的税收优惠政策享受程度并不令人满意。

从对 2 380 家商户的调查问卷结果来看（见图 2-16），除 278 家该题未填写的企业外，享受税收优惠政策的有 1 027 家，占总体的 48.86%，其中，享受较多税收优惠的商户仅有 45 家，占到总体的 2.14%；享受税收优惠一般的商户有 630 家，占比为 29.97%；享受税收优惠很少的商户有 352 家，占比为 16.75%。相比之下，未享受税收优惠政策的有 1 075 家，占总数的 51.14%。

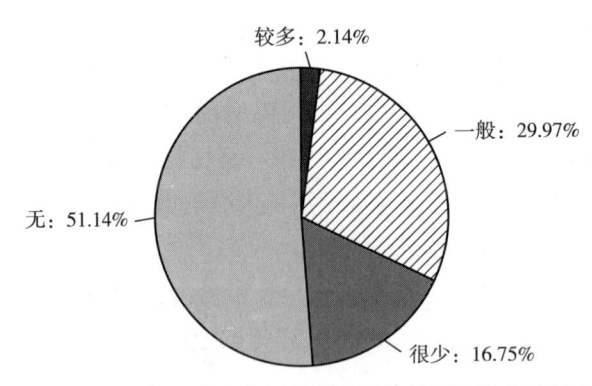

图 2-16　天桥区专业市场纳税人税收优惠政策享受程度

资料来源：调查问卷统计结果。

换言之，目前尚有超过一半的纳税人没有享受到税收优惠政策，即使已享受到税收优惠的商户，其可享受的优惠程度仍然存在很大的上升空间。在国家加大对小微企业税收优惠力度的大背景下，天桥区专业市场商户税收优惠享受程度低的原因是多方面的，既有纳税人方面的原因，如对国家税收优惠政策不了解、优惠金额少导致的申报纳税优惠意愿低等，也有征税人方面的原因，如政策宣传不到位、纳税咨询的答复口径不一致导致纳税人的理解偏差、税收优惠申报流程复杂等。

由此可见，增值税起征点提高、小规模纳税人低税率等税收优惠政策决定了天桥区专业市场的税收收入将长期处于较低水平。而且，可以预见的是，随着小微企业税收优惠政策的贯彻落实，会有越来越多的符合条件的纳税人申报税收优惠，政策红利将进一步释放。这同时也就意味着，天桥区专业市场的增值税收入存在进一步下滑的可能。

2.4.3 税收征管难题对税收贡献率的影响

税务机关和协税护税主体负责税款的征收和管理，协税护税是指税务机关利用部门以外的力量（包括人力、物力、财力）协助管理税收的一种征管行为，对税收收入具有保障作用、对税收征管具有促进作用、对税源具有监控作用、对提高纳税人纳税遵从度具有激励作用。但是反观天桥区税收征管的情况，60个专业市场的税收收入偏低，对整个天桥区国税系统的税收贡献率不足，这其中必然存在税收征管环节中的困难和协税、护税流程上的问题。

1. 涉税信息掌握难度大

天桥区专业市场商户数量多、经营规模小，涉及的纳税人范围广、税源分散。同时，市场内商户流动性大，每年有五百户左右注销登记（见图2-17），转租、转包现象普遍存在。个体工商户大量的现金、现货交易以及纳税人不开、少开发票行为，使得税务机关很难核实其真实销售额。这些客观情况都会带来控管难度大的问题。

目前，天桥区专业市场税收征管员30~40人，人均管理2~3个专业市场。与庞大的专业市场税收征管工作量相比，税收征管力量严重不足，人均户管量200户，有的甚至达到2 000户，这也使得税收管理员无暇深入市场，全面掌握涉税信息。这就要求协税护税部门发挥主观能动性，积极挖掘涉税信息，辅助税务部门保质保量完成税收征管工作。

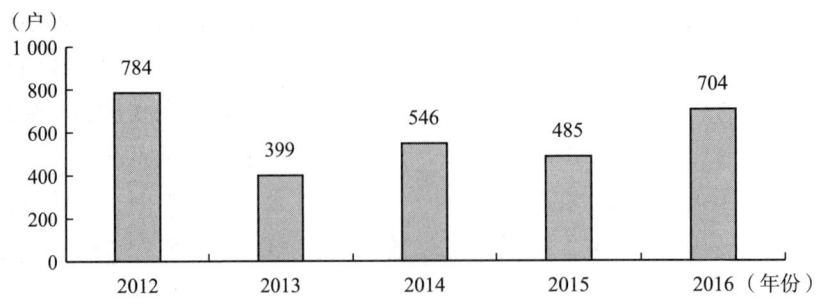

(户)
1 000
800　784
600　　　　　　　　546　　　　　　　704
400　　　399　　　　　　　485
200
0　　2012　　2013　　2014　　2015　　2016（年份）

图 2-17　2012~2016 年天桥区专业市场年注销户数

资料来源：济南市天桥区国税局。

济南市天桥区国税局根据业户的经营面积、租金、从业人数、所属路段、所属市场等信息，乘以各自系数核定小规模纳税人经营额，根据税率计算税额。调查问卷结果显示，协税、护税主体掌握的涉税信息局限于经营面积、所缴房租等显而易见的信息（房租可以由该区域市场租金和面积推算得到），而对于从业人员、经营方式（是否有电商业务）、营业额等与应纳税额密切相关的数据掌握情况并不令人满意。从问卷调查的情况来看，前两者仅有30%左右的受访者掌握有关情况，而营业额更是只有10%左右的协税、护税人员可以掌握（见图2-18）。协税、护税相关机构、人员设立的初衷是解决税务部门在税收征管过程中面临的信息不对称、不透明的问题，然而这些问题在协税、护税主体方面并没有得到良好的解决。

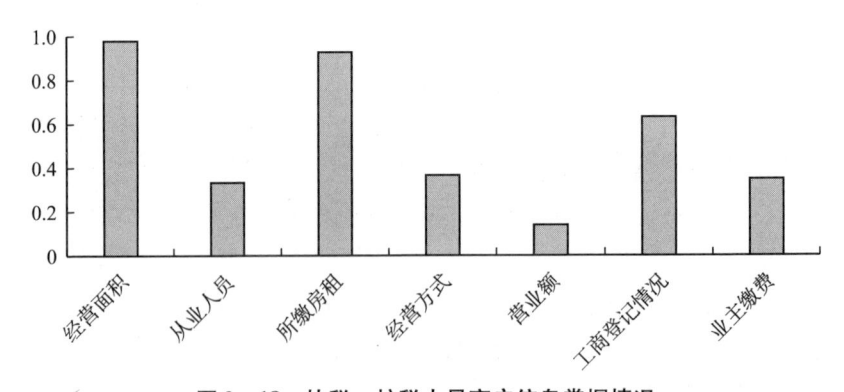

经营面积　从业人员　所缴房租　经营方式　营业额　工商登记情况　业主缴费

图 2-18　协税、护税人员商户信息掌握情况

资料来源：调查问卷统计结果。

考虑到专业市场纳税人类型以个体和小规模纳税人为主的现状，天桥区专业市场的税收征管模式以核定征收为主，查账征收为辅。因此，没有对纳税人营业状况的基本掌握，提高税收贡献率只能是一纸空谈。

2. 纳税人纳税意识差

纳税意识是指公民在正确了解税收对国家建设和社会发展的作用，在提高对国家和社会责任感的基础上产生的照章纳税的意愿。在现实生活中，纳税意识差往往会导致纳税人采取各种手段尽可能地逃避纳税义务。因此，纳税意识的强弱直接关系到地方财政收入。

调查问卷结果显示，在税款征收的核心环节上，多数协税、护税人员认为，纳税意识差（73.7%）、协调难度大（64.9%）是征收税款过程中面临的主要问题，而强制措施少（38.6%）、阳光评税难（24.6%）并不是征税过程中的主要问题，如图2-19所示。

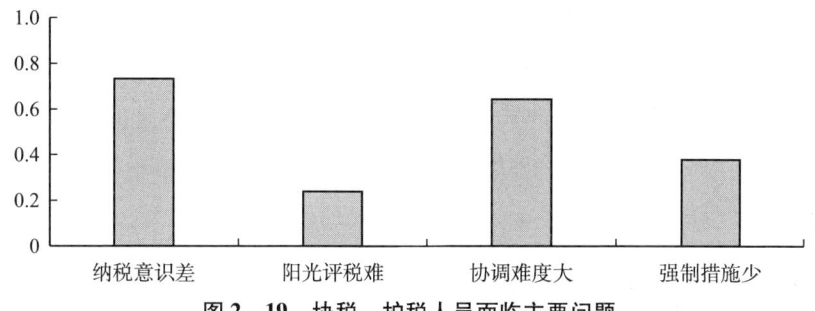

图2-19 协税、护税人员面临主要问题

资料来源：调查问卷统计结果。

纳税人纳税意识差增加了税收征管工作的成本和难度，在纳税人存在对纳税抵触情绪的情况下，如果不能保障对纳税人情况详细、全面的掌握，那么税款流失的问题将会是不可避免的，特别是在信息不完全、管理体制不健全的情况下，一个自身利益最大化的纳税人很有可能会选择偷逃税款，以降低自己的税收负担，提高经营利润。另外，还有部分协税、护税人员表示，市场不景气，业户的效益受到影响，也对税收征管工作造成了一定的困难。

3. 协税、护税人员的激励不足

在信息不对称的条件下，税务机关委托市场管理者代为征收税款。市场管理者一方面为了招揽更多商户，维持市场持续经营，不愿触动业主利益，存在工作不尽力的可能。另一方面作为受托人，市场管理者承担税款征收的责任和义务，同时获得代征手续费、征税额提成等收入。

当前，天桥区专业市场共有 41 个委托代征点，委托代征工作主要由市场管委会承担。税务机关与市场管委会签订委托代征协议，市场管委会代税务机关向商户收税，税务机关向市场管委会提供征税额 5% 的手续费。在调查过程当中，协税、护税人员表达了针对提高代征协管工作效率的一些想法和利益诉求。七成左右协税、护税人员认为增加经济和物质奖励可以提高代征协管工作的积极性和工作效率，经济和物质奖励包括对代征工作完成好的单位给予补贴或奖励（71.9%）、代征手续费及时发放到位（68.4%）等。这也从侧面说明了协税、护税人员掌握涉税信息需要一定的时间成本和物质成本，而当前税务机关提供的物质奖励不足以弥补协税、护税部门尽力征税的成本，协税、护税人员存在与纳税人合谋偷逃税款的可能。因此，应提高经济奖励或补偿力度以提高协税、护税人员的工作积极性和工作质量。

税收征管环节存在的问题导致税源流失、税款不能及时足额入库，影响了专业市场的税收贡献率。个体工商户账册不全、经营规范性欠缺，纳税意识不强，不愿意主动积极申报纳税；税收征管力量不足，涉税信息掌握难度大，信息共享机制不健全，税务机关对市场管理者的激励不足等都是税收征管环节存在的困难。整体经济环境不景气导致的商户绩效不佳，也在一定程度上影响了商户纳税的能力和积极性。

2.5 专业市场税收贡献率走低的博弈分析

经过上述三方面的原因分析，我们可以发现，在当前的宏观经济环境和现有制度安排下，地方政府、税务部门、协税护税人员（即市场管理者）和市场商户这四方利益相关者各自有不同的利益诉求和目标函数，他们之间不仅存在信息不对称条件下的相互博弈行为，而且各种博弈行为对税收征管绩效及其最终的税收贡献率产生了重要影响。

2.5.1 各利益相关者的行为特征分析

为进一步评价这四方利益相关者之间的博弈行为对专业市场税收征管的影响，首先有必要对他们的行为特征做出一定的概括和界定。

1. 地方政府

在现今依照"政绩"来进行考核和晋升的现有体制下，地方政府存在对于"政绩"的最大化追求，直接表现就是追求当地税收收入的健康可持续增长，以及税收收入占GDP足够的权重。尤其需要指出的是，地方政府经常面临上级政府对于政绩的横向对比与考评，因而特别注重以上指标与同级政府的对比。

2. 税务部门

作为征税单位，税务部门的行为特征是比较简单的，即在现有的政策和人力物力、信息等条件下，尽可能保证税款的征收率，扩大征税收入。但是，税务部门的征税数额不能任意扩大，必须受到相关法律法规和政策的约束。在天桥区以个体商户为主的专业市场环境中，相当一部分纳税人可以享受到增值税的征收优惠而免于缴税，这就导致专业市场的税收贡献率难于与同等规模一般纳税人相比。

3. 市场管理者

市场管理者具有双重身份。一方面，他是将专业市场的场地或摊位出租给商户、同时进行相应物业管理、以盈利为目的的组织单位；另一方面，他也是税务局指定的协税护税单位，承担着代收税金、保障国家税收收入的责任。市场管理者多数是公司，其组织结构决定了其必然将利润最大化作为自己的优先行为目的，表现为招揽更多的商户；而对于协税、护税的责任，则放在相对次要的方面。

4. 个体商户

在商户利润最大化的假设下，税费作为成本的一部分会起到抵减利润的效果。在没有风险的情况下，商户具有逃避缴纳税费的意愿。根据调研我们了解到，商户对待同样作为成本的税金和费用，态度是不同的，具体表现为其交费意愿高于纳税意愿。究其原因，个体商户同市场管理者的关系更为密切，费用的缴纳情况会直接影响到场地租赁和经营环境，税金的缴纳往往通过市场管理者代征完成，与税务部门关系较疏远。与此同时，市场费用直接对应于享受场地使用权和物业服务，而税金与最终的流向——政府公共服务之间并没有如此直接的对应关系，也是导致商户纳税积极性不高的原因之一。

2.5.2 各利益相关者之间的博弈行为分析

在洞悉各利益相关者各自行为特征的基础上，可以逐一分析各相关者之间的三组博弈关系。

1. 地方政府与税务部门之间、税务部门与市场管理者之间的合作博弈

合作博弈亦称为正和博弈，是指博弈双方的利益都有所增加，或者至少是一方的利益增加，而另一方的利益不受损害，因而整个社会的利益是有所增加的。

（1）地方政府与税务部门之间的合作博弈。

1994年，我国开始实行分税制财政体制，此次改革，将税务机关划分为国

税和地税。分税制改革之前，税务机关在行政管理上受上级主管部门和地方政府的"双重领导"，分税制改革之后，传统的"双重管理"变为上级主管部门垂直管理，税务机关与地方政府不再是隶属关系。但是，由于税务部门设置在地方、服务于地方，在某些方面也需要地方政府的配合与支持。同时，中央和地方按比例分配税收。以增值税为例，中央分成比例75%，地方分成比例25%，2016年5月1日起，营改增后增值税留存比例地方与中央实行"五五"分成，中央分享增值税的50%，地方按税收缴纳地分享增值税的50%。因此，地方政府与税务部门休戚与共，税务部门不能完全摆脱地方政府的制约，地方政府的财政收入也有赖于税务部门的税收工作。这也意味着地方政府和税务部门之间仍存在合作博弈的可能性和必要性。

（2）税务部门与市场管理者之间的合作博弈。

在实际征税活动中，税务部门为克服自身弱点（如人力或财力有限、信息不充分等），寻求与市场管理者合作，以期提高工作效率。同时，市场管理者可就征税所得收取提成，税收越高提成越多。这就意味着税务部门与市场管理者有合作博弈基础，两者可结成联盟，联盟一旦结成，就作为一个整体共同采取行动，其目标是使联盟获得最大利益。一旦合作博弈完毕，可根据事先商定的契约以及各自的贡献大小，分配共同所得的利益。

2. 税务部门与个体商户的税收博弈

（1）税收博弈特征。

税收博弈是非合作博弈。从理论上看。因为税务部门和个体商户之间的征纳关系是由相关的法律、法规来规范的，税务部门和个体商户均应该依法行事，这时双方的关系就是合作博弈。但事实上博弈双方的税法依从度参差不齐，有法不依的现象普遍存在。有的税务机关从地方利益出发，擅自制定一些地方税收法规，决定税收征收及减免的实施细则，或者针对不同的企业实施不同的税收待遇，收"过头税"与"人情税"的现象时有发生；而有的企业更是千方百计地逃避税法规定的纳税义务。这时候，在博弈双方之间缺少了共同遵守的法律约束，税收博弈也就是非合作博弈了。

税收博弈属于零和博弈，在税收博弈中纳税人有所失，税务部门有所得，二者得失之和为零。

税收博弈又是信息不对称博弈，在税收博弈中，个体商户拥有政府不能充分掌握的信息，这一方面是由于每个商户出于经营的需要而保有一定商业秘密；另一方面个体商户的经营活动千变万化、各有不同，政府不可能对这些做到全部了解。而税务部门在税收方面的所有政策方针都要向纳税人公开,因此,税务部门和个体商户在涉税信息的拥有上是不对称的。

税收博弈也是动态博弈,一般顺序是纳税人进行经济活动,然后依照有关法律法规进行纳税申报,再由税务部门代表政府对纳税人的经营活动进行税收监控和审核,最后做出其是否依法纳税的判断。税收博弈还是一种重复博弈,即同样结构的博弈重复多次,前一阶段的博弈不改变后一阶段博弈的结构;所有参与人都可观测到博弈过去的历史。

(2) 税收博弈基础模型。

张维迎在《博弈论与信息经济学》一书中,以税收检查为例解释监督博弈。这个博弈的参与人包括税收机关和纳税人。税收机关的纯战略选择是检查或不检查,纳税人的纯战略选择是逃税或不逃税。图2-20概括了对应不同纯战略组合的支付矩阵,其中,a是应纳税款,C是检查成本,F是罚款。

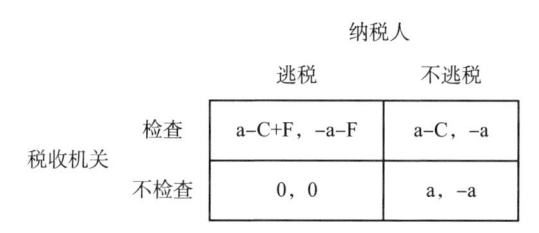

	纳税人 逃税	纳税人 不逃税
税收机关 检查	a−C+F, −a−F	a−C, −a
税收机关 不检查	0, 0	a, −a

图2-20 监督博弈

如果 $C > a + F$,则(不检查,逃税)是该博弈的纯战略纳什均衡。

如果 $C < a + F$,则不存在纯战略纳什均衡,存在混合战略纳什均衡。

用 θ 代表税收机关检查的概率,γ 代表纳税人逃税的概率。

给定 γ,税收机关选择检查($\theta=1$)和不检查($\theta=0$)的期望收益分别是:

$$V_G(1, \gamma) = (a - C + F)\gamma + (a - C)(1 - \gamma) = \gamma F + a - C$$
$$V_G(0, \gamma) = 0\gamma + a(1 - \gamma) = a(1 - \gamma)$$

解 $V_G(1, \gamma) = V_G(0, \gamma)$

得:$\gamma^* = C/(a + F)$

给定 θ,纳税人选择逃税($\gamma=1$)和不逃税($\gamma=0$)的期望收益分别是:

$$V_P(\theta, 1) = -(a + F)\theta + 0(1 - \theta) = -(a + F)\theta$$
$$V_P(\theta, 0) = -a\theta + (-a)(1 - \theta) = -a$$

解 $V_P(\theta, 1) = V_P(\theta, 0)$

得：$\theta^* = a/(a+F)$

因此，混合战略纳什均衡是：$\theta^* = a/(a+F)$，$\gamma^* = C/(a+F)$，即税收机关以 $a/(a+F)$ 的概率进行检查，纳税人以 $C/(a+F)$ 的概率选择逃税。监督博弈的纳什均衡与应纳税款 a，对逃税的惩罚 F，以及检查成本 C 有关。对逃税的惩罚越重，应纳税款越多，纳税人逃税的概率越小；检查成本越高，纳税人逃税概率越大。

（3）专业市场税收博弈分析。

以上述博弈分析为基础，结合调研情况，我们进一步充实了该博弈模型，使其更接近现实情况。在课题组调研的过程中，发现有两个现实因素是考虑税务部门和个体商户博弈时所不能忽略的：一是过去的博弈模型都假设税务部门一旦实施稽查，必然能查出应税商户的偷漏税行为，但实际上，在税务部门对个体商户存在信息不对称的条件下，税务部门的稽查能否成功要取决于多方面的因素；二是以前的博弈模型都属于单重博弈模型，隐含的基本假设是应税商户的偷漏税行为不会给其带来额外损失或额外损失很小，但事实上，征税活动是一项重复活动，偷漏税行为会增加纳税成本。故本书将这两个因素均纳入博弈模型，进行税收征管的多重博弈分析。

假设：

①存在两个时期 T_1 和 T_2。

②税务部门和应税个体商户都是经济学上的理性人（在面临给定的约束条件下最大化自己的偏好），能根据具体情况来调整自己的决策。应税商户知道自己的实际应纳税所得额，而税务部门不能够全部掌握，即博弈双方存在信息不对称现象，这种现象为应税个体商户偷漏税行为的发生提供了可能性。

③应税个体商户在 T_1 期申报纳税，其实际应纳税所得额为 $R(R>0)$，税率为 t。假定应税个体商户选择偷漏税的概率为 p，则其据实申报的概率为 $1-p$。若应税商户不偷漏税，则其应纳税款为 Rt；若应税商户偷漏税，假定其申报纳税金额为 $D(0 \leq D < R)$，则偷漏税金额为 $(R-D)t$。

④应税商户的偷漏税行为一旦发现，不仅会依照《中华人民共和国税收征收管理法》第六十三条①的规定处以 n 倍罚款，而且将会给其带来一定的长期额外损失，比如税务部门更多地对纳税诚信度低的商户进行税务稽查，从而增加纳税

---

① 节录自《中华人民共和国税收征收管理法》第六十三条规定：对纳税人偷税的，由税务机关追缴其不缴或者少缴的税款、滞纳金，并处不缴或者少缴的税款百分之五十以上五倍以下的罚款。

成本；金融机构将会更加谨慎地向偷漏税企业提供资金支持，从而增加筹资成本，降低盈利能力等，这些长期损失用 L 来表示。

⑤税务部门选择在 T_2 期实施税务稽查的概率为 π，而能够查出应税商户偷漏税的概率为 $\varepsilon(0 \leq \varepsilon \leq 1)$。同时，税务部门的稽查成本为 C_T，纳税商户接受税务稽查所造成的纳税成本为 C_p。

据此，可以得到博弈双方的支付矩阵，如图 2-21 所示。

		应税个体商户	
		如实申报	偷税漏税
税务部门	稽查	$Rt-C_T$, $-Rt-C_p$	$Dt-C_T+(n+1)(R-D)t\varepsilon$, $-Dt-C_p-(n+1)(R-D)t\varepsilon-\varepsilon L$
	不稽查	Rt, $-Rt$	Dt, $-Dt$

图 2-21　税务部门和个体商户的支付矩阵

假定税务部门的混合战略为 $\sigma_T=(\pi, 1-\pi)$（即税务部门以 π 的概率进行稽查，以 $1-\pi$ 的概率不进行稽查），应税个体商户的混合战略为 $\sigma_p=(p, 1-p)$（即应税个体商户以 p 的概率偷税漏税，以 $1-p$ 的概率如实申报）。

那么，税务部门的期望效用函数为：

$$V_T(\sigma_T, \sigma_p) = \pi((1-p)(Rt-C_T)+p(Dt-C_T+(n+1)(R-D)t\varepsilon)) \\ + (1-\pi)((1-p)Rt+pDt) \\ = \pi(p(n+1)(R-D)t\varepsilon-C_T)+((1-p)Rt+pDt)$$

对上述效用函数求微分，得到税务部门最优化的一阶条件为：

$$\frac{\partial v_T}{\partial \pi} = p(n+1)(R-D)t\varepsilon - C_T = 0$$

$$p^* = \frac{C_T}{(n+1)(R-D)t\varepsilon}$$

也就是说，在混合战略均衡下，应税个体商户以 $\dfrac{C_T}{(n+1)(R-D)t\varepsilon}$ 的概率偷税漏税。

应税个体商户的期望效用函数为：

$$V_p(\sigma_T, \sigma_p) = (1-p)(\pi(-Rt-C_p)+(1-\pi)(-Rt)) \\ + p(\pi(-Dt-C_p-(n+1)(R-C)t\varepsilon-\varepsilon L)+(1-\pi)(-Dt))$$

$$= p((R-D)t - (n+1)(R-D)t\varepsilon\pi - \varepsilon L\pi + (-\pi C_p - Rt))$$

对上述效用函数求微分，得到最优化的一阶条件为：

$$\frac{\partial v_T}{\partial p} = (R-D)t - (n+1)(R-D)t\varepsilon\pi - \varepsilon L\pi = 0$$

$$\pi^* = \frac{(R-D)t}{(n+1)(R-D)t\varepsilon + \varepsilon L}$$

也就是说，在混合战略均衡下，税务部门以 $\frac{(R-D)t}{(n+1)(R-D)t\varepsilon + \varepsilon L}$ 的概率进行稽查。

根据各方收益最大化的考虑进行详细推导和求解，最终得出混合战略纳什均衡为：

$$p^* = \frac{C_T}{(n+1)(R-D)t\varepsilon}$$

$$\pi^* = \frac{(R-D)t}{(n+1)(R-D)t\varepsilon + \varepsilon L}$$

该结果表明，混合战略纳什均衡不仅与税务部门的稽查成本、罚款倍数、应税商户的偷漏税金额有关，而且与税务部门能够稽查出偷漏税的概率、应税商户的长期损失有关。

对于税务部门来说，税务稽查成本越高，则纳税人预期税务部门稽查的频率或可能性就越小，企业偷逃税概率就越大；反之，税务稽查成本越低，则降低了稽查门槛，相应的就提高了企业对税务部门稽查概率的预期，企业偷逃税概率就越小。罚款倍数越大、税务部门稽查出偷逃税情况的概率越高，意味着处罚措施和税务部门的稽查行动更有震慑力，企业偷逃税的机会成本更大，相应的企业偷逃税概率就越小；反之，当偷逃税获得的超额利润超过罚款预期时，则企业偷逃税概率就会大大提高。

对于应税商户来说，应纳税所得额越小，税务部门的稽查成本越高，其偷漏税的可能性越大。这与天桥区专业市场的现实情况极其吻合，专业市场以小规模个体商户为主，商户数量多，经营规模小，稳定性差，税务部门的稽查成本较高。基于成本收益分析，税务部门稽查小企业的可能性较低，个体商户偷漏税现象比较普遍，这在一定程度上影响了天桥区专业市场的整体税收贡献率。

3. 市场管理者与个体商户之间的单重博弈

在我国，增值税的征收管理由税务部门具体负责，但在实际工作中，由于税务部门人力、财力有限，信息不对称等问题，税务部门通常委托市场管理者代行其责,并请求其他组织和个人予以协助。

(1) 征税主体的相关人。

①征税机关。在我国,税收征收管理分别由税务部门、海关和财政部门等征税部门具体负责,在现行的行政管理体制中,这三个机关相互独立。其中,税务机关是最主要的、专门的征税机关,负责最大量的、最广泛的工商税收的征管。

②征税委托主体。在征税主体制度中,还存在与征税主体有关的征税委托主体和征税协助主体等"征税相关主体"。征税委托主体是指受征税机关委托行使一定征税权的单位和个人。征税委托主体一般是其他机关、企业事业单位和个人,不是征税机关。委托代征制度是征税机关借助于外部资源履行征税职能的有效手段,它可以降低税收成本,加强税源控管,防止税款流失。

③征税协助主体。征税协助制度是各国为保障征税顺利进行而规定的一项重要税收征纳制度,它是指征税机关在执行征税职能时,有权请求其他组织和个人予以协助的一项制度。例如德国《税收通则法》第111条规定,所有法院和行政机关必须提供实施征税所必需的行政协助;《中华人民共和国税收征收管理法》第五条规定,各有关部门和单位应当支持、协助税务机关依法执行职务;很多国家也在行政程序法中规定了行政协助制度。因此,征税协助主体是指应征税机关的请求,为其履行征税职责提供支持、帮助的组织和个人。我国税收征管法规定的征税协助主体很广,包括地方各级人民政府、工商行政管理机关、公安机关、人民法院、金融机构、车站、码头、机场、邮政企业和个人等,有关税种也规定了征税协助制度。

(2) 市场管理者和个体商户的初步博弈分析。

为了运用博弈模型来模拟双方的行为和利益得失,对市场管理者和个体商户做如下假设:

①由于税务部门难以掌握市场管理者的工作努力程度和对个体商户查处力度等方面的信息,在个人理性的基础上,市场管理者将考虑个人利益最大化。

②如果市场管理者尽职尽责,努力征税的同时会付出一定的成本,一是会影响对更多客户的招揽,二是与个体商户发生矛盾和冲突,损失社会关系。

③少纳税是部分纳税意识和法律意识淡薄的个体商户的理性选择,因此有些个体商户在有机可乘的条件下选择偷漏税。

④在市场管理者不尽责代征税的情况下,个体商户因没有被查处而获得超额利益;在市场管理者尽责代征税的情况下,个体商户因被查处而遭受损失。

⑤相较于税务部门,市场管理者与个体商户的关系更为密切,对个体商户的

经营情况、收入利润等涉税信息掌握更加全面、充分。因此，在这里我们进行完全信息博弈分析。

⑥假定个体商户没有被查处获得的超额利润为 a，被查处后的遭受损失为 -b，市场管理者的征税收入为 w，市场管理者尽责征税付出的成本为 h。显然，a>0，w>0，h>0，-b<0。

当博弈双方同时行动时，各自做出自己的理性选择，可以运用完全信息静态博弈模型，得到双方的收益矩阵如图 2-22 所示。

	市场管理者 不尽力	市场管理者 尽力
个体商户 偷漏税	(a, w)	(-b, w-h)
个体商户 足额交税	(0, w)	(0, w-h)

图 2-22　市场管理者和个体商户的收益矩阵

分析收益矩阵，可以得出（偷漏税，不尽力）是双方静态博弈唯一的纯策略纳什均衡，此时双方的收益为（个体商户，市场管理者）=(a, w)。

当博弈双方先后行动时，即个体商户先偷漏税，市场管理者之后进行查处，可以运用完全信息动态博弈来进行说明，如图 2-23 所示，其求得的纯战略纳什均衡仍然为（偷漏税，不尽力），双方的收益也依然为（a, w）。换言之，个体商户与市场管理者动态博弈与静态博弈拥有完全相同的纳什均衡。

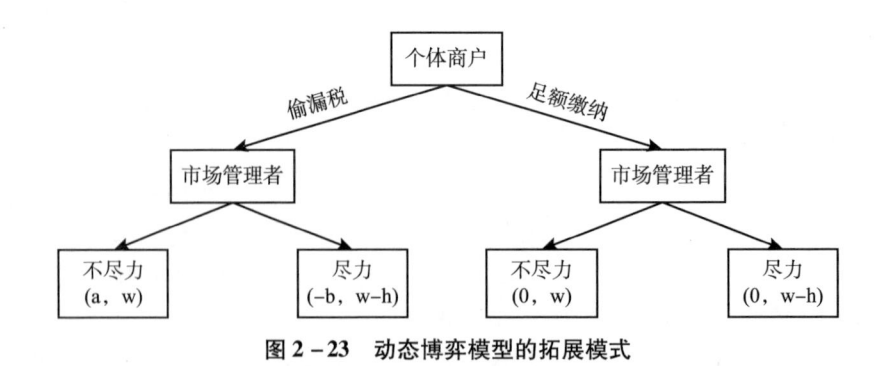

图 2-23　动态博弈模型的拓展模式

（3）市场管理者和个体商户的扩展博弈分析。

除了基本工资，市场管理者的收入很大一部分来自征税额提成，因此，将征税额提成纳入上面的博弈分析是十分必要的。

在此，我们假设市场管理者的基本工资为 w，市场管理者按照 x% 的比例来分享征税额，市场管理者尽责征税付出的成本为 h。应税商户实际应纳税所得额为 R(R>0)，税率为 t。若应税商户不偷漏税，则其应纳税款为 Rt；若应税商户偷漏税，假定其申报纳税金额为 D(0≤D<R)，则偷漏税金额为 (R-D)t，同时应税商户被查处后的遭受损失为 -b。

当博弈双方同时行动时，博弈双方的收益矩阵如图 2-24 所示。

市场管理者

		不尽力	尽力
个体	偷漏税	(R−D)t, w+x%Dt	−b, w+x%Rt−h
商户	足额缴税	0, w+x%Rt	0, w+x%Rt−h

图 2-24 市场管理者和个体商户的收益矩阵（扩展分析）

当 $x\%Dt = x\%Rt - h$ 时，$x\% = \dfrac{h}{(R-D)t}$

当 $x\% \leq \dfrac{h}{(R-D)t}$ 时，（偷漏税，不尽力）是纯战略纳什均衡。

当 $x\% > \dfrac{h}{(R-D)t}$ 时，由图 2-25，运用逆向归纳法，可进行如下推理：

由于应税商户和市场管理者都是理性的，并且"所有参与人是理性的"是共同知识。因此，当应税商户偷漏税时，市场管理者的占优策略是尽力工作，当应税商户足额缴纳税款时，市场管理者的占优策略是不尽力。基于该预期，若应税商户选择偷漏税，则其超额收益为 -b；若应税商户选择足额缴纳税款，则其超额收益为 0。显然，应税商户会选择足额缴纳税款。该博弈的子博弈精炼纳什均衡是：（足额缴纳，不尽力）。

征税额提成比例的变化导致应税商户截然不同的选择，说明了委托—代理激励制度设计的必要性。在现行制度安排下，选择不尽力是市场管理者的占优策略，因为没有足够的奖励来弥补尽力征税的成本，因此市场管理者没有足够的动力去认真履行税收征管的职责，而是倾向于不作为；个体商户选择偷漏税也是占优策略，在市场管理者税收代征管不严格的情况下，偷漏税行为将增多，构成了天桥区专业市场税收贡献率持续走低的原因之一。反之，如果征税额提成比例提高，使得市场管委会的征税提成可以超过尽力征税的成本，那么，理性的纳税人将选择足额缴纳税款。

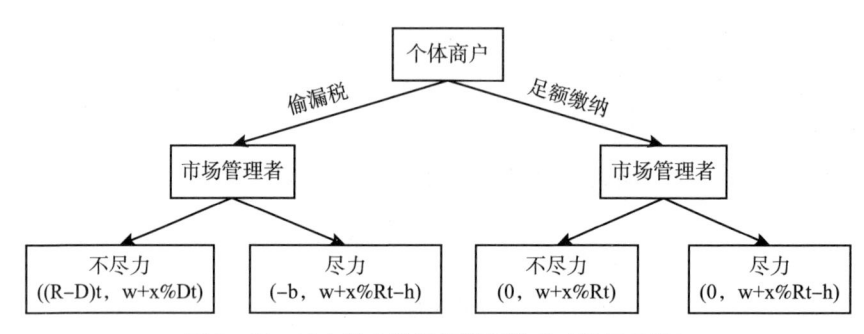

```
                        个体商户
              偷漏税  /          \  足额缴纳
            市场管理者              市场管理者
           /       \               /       \
        不尽力     尽力           不尽力     尽力
      ((R-D)t,   (-b,            (0,       (0,
      w+x%Dt)    w+x%Rt-h)       w+x%Rt)   w+x%Rt-h)
```

图 2-25　动态博弈模型的拓展模式（扩展分析）

通过以上分析我们可以看出，天桥区税收贡献率持续低位徘徊的现状是宏观经济环境、税收政策设计、税收征管博弈等多方面原因共同造成的结果。从根本上来说，天桥区的经济基础决定了以专业市场为主的经济特征在税基上并不占优势；国家对小微企业相应的政策扶持和优惠导致了应纳税额的进一步减少；税务部门在征管过程中也面临着信息不对称的劣势。不过值得注意的是，虽然专业市场的税收贡献率较低，为政府、社会提供的直接经济价值有限，但是它在解决就业、改善民生、促进社会和谐与稳定方面发挥了不可替代的作用，如果同时对其带来的社会效益和减少的维稳成本进行计算，那么专业市场带来的效益将远远不止是税收那么简单。

2.6　结论

济南市天桥区以专业市场经营为主，全区共有 60 个专业市场，经营范围涵盖批发零售业、制造业、建筑业、租赁业、交通运输业等 16 个行业门类。2016年，天桥区专业市场共有 13 027 个纳税登记户，其中，10 465 个个体经营和小规模纳税人，占比 80.3%。2012~2016 年，天桥区专业市场增值税入库额和应税销售收入连年上升，但是税收贡献率却始终在低位徘徊。作为天桥区经济发展的引擎，专业市场的税收情况直接影响全区的税收收入。

天桥区专业市场税收贡献率低的原因主要有：第一，受当前宏观经济环境影响和电子商务冲击较大。天桥区专业市场以个体和小规模纳税人为主，且大部分商户从事传统行业，附加值低，易受外部环境影响，抵御风险能力较差。在经济增速放缓、电子商务飞速发展、房地产行业持续低迷的大背景下，天桥区专业市场的利润空间不断压缩，整体形势不容乐观。第二，现阶段国家不断出台针对小微企业的税收优惠政策，主要是扩大优惠政策适用范围、提高增值税起征点，大力支持小微企业发展。同时，为降低创业成本，个人注册公司的门槛也大大降低，增加了市场管理的难度，也在一定程度上影响了增值税税收收入的提高。第三，由于市场杂乱，管理不够规范，加之部分纳税人遵从度不高，纳税意识薄弱，抗税心理明显，拖缴税款情况屡见不鲜。第四，受技术手段和信息掌握情况的限制，过高的税务稽查成本使得税务部门在税收征管方面的监管落实不到位。税务部门和协税、护税部门权属利益难以梳理清晰，激励不足，协税、护税部门的功能难以有效发挥，各方博弈导致工作效率的降低。

3

税务行政赔偿案例分析

3.1 税务行政赔偿诉讼情况

税务行政赔偿的诉讼主要通过税务行政赔偿请求人向人民法院提起行政诉讼，并附带提起行政赔偿诉讼。根据中国裁判文书网案例统计显示，2018年行政赔偿诉讼案例有15件，占2018年税务行政诉讼的0.51%，如图3-1所示。

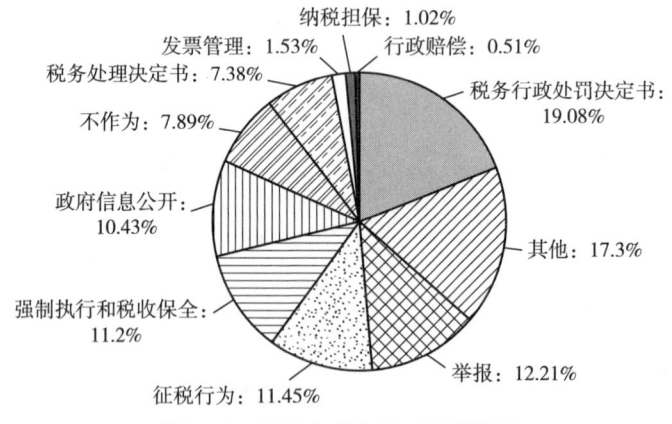

图3-1 2018年税务行政诉讼情况

3.2 具体税务行政赔偿案例介绍①

3.2.1 案由

税务机关违反法定程序执行税收强制措施给纳税人合法权益造成损害,赔偿请求人于 2016 年 9 月 2 日向法院提起税务行政赔偿诉讼。

3.2.2 案例当事人

原告王某某,男,住黑龙江省鸡西市鸡冠区。
原告杨某某,女,住黑龙江省鸡西市鸡冠区。
原告王某,男,住辽宁省大连市沙河口区。
原告孙某某,男,住黑龙江省哈尔滨市南岗区。
被告鸡西市鸡冠区地方税务局。

3.2.3 原告诉称

原告王某某、杨某某、王某、孙某某诉称,王某某、杨某某、王某、孙某某是×房地产开发有限公司的出资人,现该公司已注销登记。×房地产开发有限公司于 2007 年 9 月和 2008 年 11 月分别开发"×名城"和"×花园"住宅项目。达到清算条件后,该公司按税务机关制定的预征率预缴了土地增值税。

后税务机关于 2010 年 3 月 15 日向该公司下达了《土地增值税核定征收通知书》,但一直未按规定向公司下达《土地增值税清算结论通知书》,告知核定清算后公司应缴土地增值税的税额及期限。在此情况下,即使公司欠税,被告鸡西市鸡冠区地方税务局也没有按照《中华人民共和国税收征收管理法》第四十条规定履行"责令限期缴纳"法定程序,便于 2014 年 9 月 3 日进行税务强制执行,扣划公司账户资金 9 403 732.80 元,并于 2014 年 9 月 4 日向公司送达了《税务事项通知书》和《司法扣划凭证》。

后鸡西市鸡冠区地方税务局怕因违反法定程序而败诉,又伪造了 2012 年 6 月 10 日的"催缴税款通知书"及没有送达地址、时间、受送达人和见证人签字

---

① 案例来源:魏春田.败诉,因程序违法 [EB/OL].(2017-09-04)[2020-06-25].中国会计视野.http://shuo.news.esnai.com/article/201709/162479.shtml.

的送达回证。

综上，因鸡西市鸡冠区地方税务局的强制执行没有履行法定"责令限期缴纳"告知义务，也没有告知诉权，严重损害了公司及王某某、杨某某、王某、孙某某的合法权益。为此，四位原告曾提出过行政复议申请，但复议机关在未受理的情况下组织双方协商，四位原告便撤回了行政复议申请。

此后一直与鸡西市鸡冠区地方税务局及其上级主管部门协商此事。经多次协商无果，四位原告才诉至法院。请求法院判令鸡西市鸡冠区地方税务局返还违法扣划的资金 9 403 732.80 元，并赔偿给四位原告造成的损失，按同期银行贷款利率 5.58% 计算，共计 1 105 932.27 元。

3.2.4 被告辩称

被告鸡西市鸡冠区地方税务局辩称，鸡西市鸡冠区地方税务局是以 2012 年税收检查表中计算的×房地产开发有限公司所欠土地增值税为依据，对×房地产开发有限公司采取的行政强制执行措施。

在采取强制措施前，确实没有向×房地产开发有限公司下达缴纳税款通知。向×房地产开发有限公司送达税务执行事项通知书时，也没有告知×房地产开发有限公司应享有的诉权和起诉期限。行政强制行为确实存在瑕疵。

四位原告的行政赔偿请求事实不能成立，关于利息计算标准，也应依据《中华人民共和国税收征收管理法》第五十一条规定的同期银行存款利率计算。鸡西市鸡冠区地方税务局拒绝予以行政赔偿。

3.2.5 法院审查结果

经审理查明，×房地产开发有限公司是依法登记的企业法人。2013 年 10 月 30 日，经工商行政管理部门批准，注销了企业法人工商登记。原告王某某、杨某某、王某、孙某某，系×房地产开发有限公司出资人。

2014 年 9 月 3 日，被告鸡西市鸡冠区地方税务局以×房地产开发有限公司于 2008 年至 2011 年经营期间欠缴土地增值税 6 716 952 元、滞纳金 2 686 780.80 元为由，向黑龙江省×信用社（营业部）下达了编号为×的扣划通知书，分别从×房地产开发有限公司在该金融机构活期存款账户资金中扣划 2 686 780.80 元和 6 716 952 元；并于次日向×房地产开发有限公司送达了《关于税务强制执行的通知》。

四位原告不服，提出行政复议申请，行政复议机关正式受理前组织双方进行协商。经协商，四位原告将申请行政复议材料撤回，并继续与鸡西市鸡冠区地方税务局及其上级主管部门协商。经多次协商未果，遂诉至法院，请求法院判决撤销被诉扣划行为，同时一并提出行政赔偿诉讼。

3.2.6 法院判决

法院认为，根据《中华人民共和国税收征收管理法》第四十条规定，对于纳税人采取扣缴税款行政强制行为的，必须同时具备以下条件：一是纳税人未按照规定的期限缴纳或解缴税款，二是由税务机关责令限期缴纳，逾期仍未缴纳的。而被告鸡西市鸡冠区地方税务局未提供确凿证据，证明其对×房地产开发有限公司采取扣缴税款及滞纳金的行政强制行为具备上述法定条件。故该行政强制行为因事实不清、证据不足、适用法律错误，应认定为违法行政行为，判决予以撤销。

关于四位原告提出返还扣划存款本金的诉讼请求。《中华人民共和国国家赔偿法》第三十二条规定："国家赔偿以支付赔偿金为主要方式。能够返还财产或者恢复原状的，予以返还财产或者恢复原状"；《中华人民共和国行政强制法》第四十一条规定："在执行中或者执行完毕后，据以执行的行政决定被撤销、变更，或者执行错误的，应当恢复原状或者退还财物；不能恢复原状或者退还财物的，依法给予赔偿"。被诉扣划存款的行为，属于《中华人民共和国行政强制法》规定的行政机关所作行政强制执行行为，由于该行政强制执行行为违法，鸡西市鸡冠区地方税务局应当依照上述法律规定，将2014年9月3日违法扣划的×房地产开发有限公司存款共计9 403 732.80元返还。因×房地产开发有限公司已办理企业注销登记，故上述款项应返还给×房地产开发有限公司的出资人，即四位原告。

关于四位原告提出的赔偿存款利息的诉讼请求。根据《中华人民共和国行政强制法》第三十六条规定，违法扣划存款行为造成的损失除本金外，还应包括其在银行存储期间的自然孳息。因扣划存款行为与《中华人民共和国国家赔偿法》第三十六条第（七）项中规定冻结存款均属于《中华人民共和国行政强制法》规定的行政强制行为，且其损害程度相当，因此可参照《中华人民共和国国家赔偿法》第三十六条第（七）项中"应当支付银行同期存款利息"的规定，作为违法扣划存款行为造成自然孳息损失的计算标准。扣划时存款为活期存款，故应从2014年9月3日起，按照人民银行同期活期存款利率作为标准计算利息损失。四位原告关于按银行同期贷款利息或二年定期存款利率计算利息损失的诉求，因无事实根据和法律依据，法院不予支持。

综上，依照《中华人民共和国行政强制法》第四十一条、《中华人民共和国国家赔偿法》第三十二条、第三十六条第八项的规定，判决如下：

一、被告鸡西市鸡冠区地方税务局于本判决生效之日起一个月内向原告王某某、杨某某、王某、孙某某返还2014年9月3日扣划的存款9 403 732.80元；

二、被告鸡西市鸡冠区地方税务局于本判决生效之日起一个月内赔偿原告王某某、杨某某、王某、孙某某因违法扣划存款造成的利息损失，按人民银行同期活期存款利率计算，从2014年9月3日至2016年11月18日止，共计72 769.43元。如逾期给付，按人民银行同期活期存款利率继续计算利息至给付时止。

3.3 税务行政赔偿案例分析

3.3.1 案例图解

本案案例图解见图3-2。

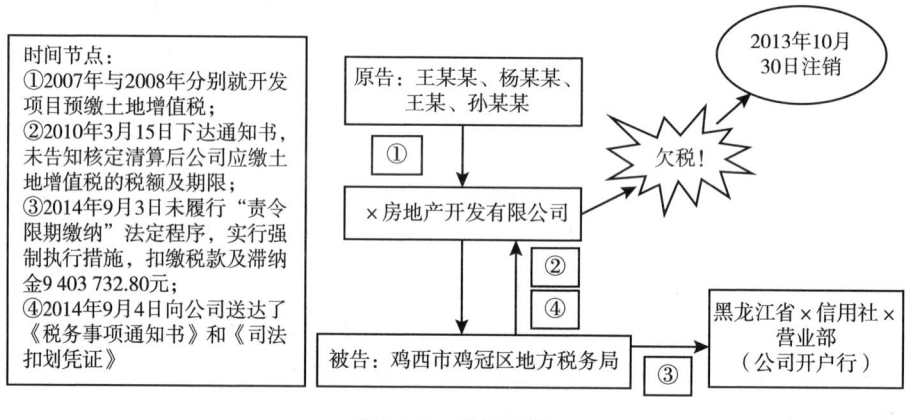

图3-2 案例图解

3.3.2 案件争议点：税务机关行政强制程序违法

根据《中华人民共和国税收征收管理法》第四十条规定，对于纳税人采取扣缴税款行政强制行为的，必须同时具备以下条件：一是纳税人未按照规定的期限缴纳或解缴税款；二是由税务机关责令限期缴纳，逾期仍未缴纳的。

首先税务机关对于纳税人采取扣缴税款行政强制行为，必须依据法定程序，鸡西市鸡冠区地税局违反法定程序，未责令纳税人限期缴纳，直接扣款；其次税务机关采取强制执行措施应告知纳税人救济权，这些程序鸡西市鸡冠区地税局均未履行，属程序违法。

3.3.3 案例警示：规避税收执法风险

1. 不断提高税务执法人员执法水平

税务部门在未来执法过程中必须不断提升税务执法人员的综合素质，使其熟悉掌握税收政策法规和法律法规，牢固树立依法治税的理念，增强依法行政的能力，杜绝税收执法行为的随意性、盲目性，降低涉税执法风险。

2. 建立税务行政赔偿案例分析制度

税务部门对于每一起税务行政赔偿案例，结案后应该组织相关人员认真分析与研究，总结教训，提出改进措施，并加强税务执法人员执法行为的监督，不断提高税务执法水平和质量。

4

税款追征制度：以德发公司案为例

4.1 税款追征概述

4.1.1 基本概念

税款追征是指在实际的税款征缴过程中，由于征纳双方的疏忽、计算错误等原因造成的纳税人、扣缴义务人未缴或者少缴税款，税务机关依法对未征少征的税款要求补缴，对未缴少缴的税款进行追征的制度。追征税款的前提条件是纳税人、扣缴义务人未缴或少缴了应纳的税款。

4.1.2 法律依据

1.《中华人民共和国税收征收管理法》（以下简称《税收征管法》）

第五十二条 因税务机关的责任，致使纳税人、扣缴义务人未缴或者少缴税款的，税务机关在三年内可以要求纳税人、扣缴义务人补缴税款，但是不得加收滞纳金。因纳税人、扣缴义务人计算错误等失误，未缴或者少缴税款的，税务机关在三年内可以追征税款、滞纳金；有特殊情况的，追征期可以延长到五年。对偷税[①]、抗税[②]、骗税[③]的，税务机关追征其未缴或者少缴的税款、滞纳金或者所

[①] 偷税是指纳税人以不缴或者少缴税款为目的，采取伪造、变造、隐匿、擅自销毁账簿、记账凭证，在账簿上多列支出或者不列、少列收入，或采取各种不公开的手段，或者进行虚假的纳税申报的手段，隐瞒真实情况，不缴或少缴税款，欺骗税务机关的行为。

[②] 骗税是指纳税人用假报出口等虚构事实或隐瞒真相的方法，经过公开的合法的程序，利用国家税收优惠政策，骗取减免税或者出口退税的行为。

[③] 抗税是指纳税人、扣缴义务人以暴力、威胁等方法拒不缴纳税款的行为。

骗取的税款，不受前款规定期限的限制。

2.《中华人民共和国税收征收管理法实施细则》

第七十九条 当纳税人既有应退税款又有欠缴税款的，税务机关可以将应退税款和利息先抵扣欠缴税款；抵扣后有余额的，退还纳税人。

第八十条 税收征管法第五十二条所称税务机关的责任，是指税务机关适用税收法律、行政法规不当或者执法行为违法。

第八十一条 税收征管法第五十二条所称纳税人、扣缴义务人计算错误等失误，是指非主观故意的计算公式运用错误以及明显的笔误。

第八十二条 税收征管法第五十二条所称特殊情况，是指纳税人或者扣缴义务人因计算错误等失误，未缴或者少缴、未扣或者少扣、未收或者少收税款，累计数额在10万元以上的。

第八十三条 税收征管法第五十二条规定的补缴和追征税款、滞纳金的期限，自纳税人、扣缴义务人应缴未缴或者少缴税款之日起计算。

图4-1为税款追征的情形分类总结。

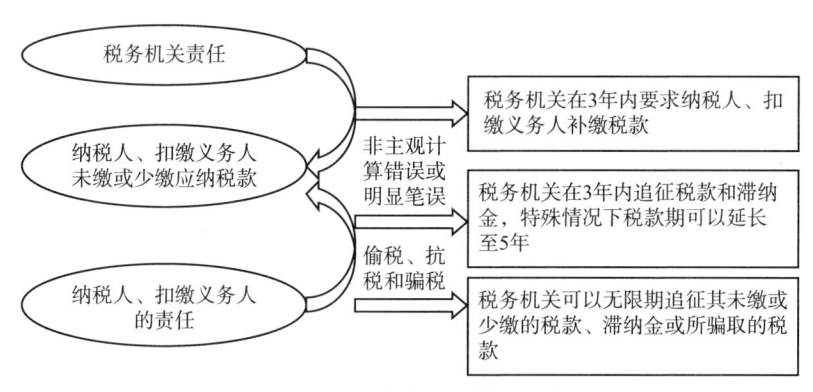

图4-1 税款追征的情形分类

4.2 基本案情①

4.2.1 案情发展时间线

2004年11月30日，德发与拍卖行签订委托拍卖合同，打算拍卖一处面积为

---

① 案例来源：袁森庚. 最高人民法院提审的德发公司案分析 [J]. 税务研究, 2017 (6).

63 244.7944 平方米，估值为 530 769 427.08 港元的房产。

2004 年 12 月 2 日，拍卖行在《信息时报》刊登拍卖公告，公告中明确竞投者须在拍卖前将 6 800 万港元保证金转入德发账户。

2004 年 12 月 9 日，盛丰实业公司以 1.3 亿港元竞买了部分房产，面积为 59 907.092 平方米。

2005 年 1 月 15 日，德发公司按 1.38255 亿元的拍卖价，先后向税务部门缴纳了 6 912 750 元营业税和 124 429.5 元堤围防护费①。

2006 年 9 月 18 日，地税稽查局向德发公司送达《税务检查通知书》。检查德发公司 2004~2005 年地方税费缴纳情况时，发现德发公司的上述拍卖交易价格不及市场交易价格的一半，价格严重偏低且没有正当的理由。

2009 年 8 月 11 日，税务机关认为德发公司房产交易价格过低，按照《中华人民共和国税收征收管理法》（以下简称《征管法》）和《中华人民共和国税收征收管理法实施细则》（以下简称《征管法细则》）规定，以停车位 85 000 元/个、商场 10 500 元/平方米、写字楼 5 000 元/平方米的价格重新核算了房产交易价格为 311 678 775 元，并以此为基础核定德发公司应缴纳营业税及堤围防护费。

2009 年 9 月 14 日，广州地税稽查一局做出税务处理决定，追缴德发公司营业税 8 671 188.75 元，滞纳金 2 805 129.56 元，堤围防护费 156 081.40 元，滞纳金 48 619.36 元。德发公司不服广州地税稽查一局的处理决定，向广州市地方税务局申请行政复议。

2010 年 2 月 8 日，广州市地税局做出复议决定，维持了稽查一局的决定。德发公司不服复议决定，向法院提起诉讼，请求广州地税稽查一局撤销税务处理决定，并退回已缴税款、滞纳金以及堤围防护费、滞纳金，赔偿相应的利息损失，承担案件诉讼费。

2010 年 3 月，广州市天河区人民法院一审认定稽查局处理得当、中级人民法院二审和高级人民法院再审都维持了一审判决，驳回了德发的诉讼请求。

2014 年 12 月 25 日，由于德发公司不服广州市天河区人民法院一审、广州市中级人民法院二审、广东省高级人民法院再审的诉讼请求，因此最高人民决定提

---

① 广州市市区堤围防护费是为加强北江大堤及本市防洪工程的加固、维修和管理等建设资金的筹集而开征的一种规费。堤防费的征收范围是指广州市范围内经营的农户、农场、水产养殖业、工商等企业。具体包括农工商、建筑、交通运输、金融保险、房地产和社会服务等企业。由地税局代收。计税依据是缴费人申报流转税时的销售额或营业额。

审此案。

2017年4月7日,最高人民法院做出了再审判决,一个历经七年,四级人民法院审理的税务行政诉讼案件最终落下了帷幕。

4.2.2 判决结果

判决撤销广州地税稽查一局做出的对德发公司加收滞纳金的决定;责令广州地税稽查一局在判决生效之日起三十日内返还已经征收的滞纳金,并按照同期中国人民银行公布的一年期人民币整存整取定期存款基准利率支付相应利息;驳回德发公司其他诉讼请求。

4.3 争议焦点

1. 广州地税稽查一局是否具有独立的执法主体资格

企业认为,根据1999年最高人民法院对《关于福建省稽查局是否具有行政主体资格的请示报告》的答复意见,稽查局以自己的名义对外做出处理决定缺乏法律依据,因此,本案中广州地税稽查局并非行政主体,不能成为本案诉讼主体。

税务稽查局认为,根据《征管法》第十四条①和《征管法细则》第九条②,稽查局具有主体资格。

法院:认可稽查局的主张。

2. 广州地税稽查一局行使应纳税额核定权是否超越职权

企业认为,根据《征管法》第九条,稽查局专司偷税、逃避追缴欠税、骗税、抗税案件的查处,本案不属于上述情形,因此稽查局属于越权执法,应属无效决定。

税务稽查局:根据《征管法细则》《国家税务总局关于稽查局职责问题的通知》等文件,稽查局的现行职责是稽查业务管理、税务检查和税收违法案件查处,同时根据《征管法》第三十五条,凡需要对纳税人、扣缴义务人进行账证检查或者调查取证,并对其税收违法行为进行税务行政处理(处罚)的执法活动,仍

---

① 《征管法》第十四条:本法所称税务机关是指各级税务局、税务分局、税务所和按照国务院规定设立的并向社会公告的税务机构。

② 《征管法细则》第九条:税收征管法第十四条所称按照国务院规定设立并向社会公告的税务机构,是指省以下税务局的稽查局。稽查局专司偷税、逃避追缴欠税、骗税、抗税案件的查处。国家税务总局应当明确划分税务局和稽查局的职责,避免职责交叉。

由各级稽查局负责。税款核定的主体是税务机关，而税务机关包括税务局的稽查局，因此，并非越权执法。

法院认可稽查局的主张。

3. 德发公司以拍卖成交价格作为计税依据是否存在"计税依据明显偏低，又无正当理由"情形

企业认为，本次拍卖是为了挽救公司而不得已采取的措施，且拍卖过程均依法进行，成交价格1.3亿港元亦未低于拍卖保留价，遵循市场规律，虽然拍卖价格不尽人意，但不影响拍卖效力。公司按照拍卖价格足额按期申报纳税，在此期间主观税务机关从未提出核定应纳税额，只能按照全部拍卖成交价申报纳税。其间，主管税务机关从未提出核定应纳税额，申请人不可能知晓税务机关会对拍卖价进行何种调整，只能也只应按照全部拍卖成交价纳税。纳税义务完成且没有违法行为，稽查局无权重新核定应纳税额。

税务稽查局认为，价格明显偏低的理由为低于历史成交价格；低于同期、同类、同档次的市场价；低于公司提供的评估价和成本价。无正当理由的依据为拍卖只有唯一竞买人；拍卖保证金门槛过高，限制了潜在竞买人参与拍卖；拍卖保留价设置过低；拍卖房产未征得抵押权人（银行）同意；竞买人拍卖前知道拍卖底价，交易双方存在诚信问题。

法院认可稽查局的主张。

4. 稽查局核定应纳税款后追征税款和滞纳金是否合法

企业：本案对公司的税务处理决定中未将此纳税行为认定为偷税、抗税或骗税，也未认定为编造虚假计税依据和纳税人计算错误等情形，因此按照《征管法》第五十二条税收征管期限的规定，税务机关应在2008年1月15日前提出处理意见，不能以任何理由延长税款征收期，且不得加收滞纳金。

税务稽查局认为，德发公司于2004年12月9日拍卖成交房产，稽查局于2006年9月18日送达了《税务检查通知书》，并未超过法定追征期，纳税人应对其未能如实、依法纳税的行为承担法律责任，少缴纳税款的，应从滞纳之日起缴纳滞纳金。

法院认为，在纳税义务人不存在违反税法和过错的情况下，税务机关可以参照《税收征管法》第五十二条第一款的规定确定税款追征期限，原则上在三年内追征税款，且不得加收滞纳金。因此纳税人应补缴税款，但不得加收滞纳金，稽查局加收滞纳金无法律依据。

4.4 法理分析

1. 广州地税稽查一局是否具有独立的执法主体资格

2001年修订前的《税收征管法》未明确规定各级税务局所属稽查局的法律地位，2001年修订后的《税收征管法》及其实施细则已明确省以下税务局所属稽查局的法律地位，省级以下税务局的稽查局具有行政主体资格。因此，广州地税稽查一局作为广州市地方税务局所属的稽查局，具有独立的执法主体资格。

2. 广州地税稽查一局行使应纳税额核定权是否超越职权

虽然《征管法细则》第九条规定稽查局专司偷税、逃税、骗税、抗税案件的查处，但对这一规定的理解存在不同的观点。一种观点认为，稽查局不能对偷税、逃税、骗税、抗税以外的案件进行查处。而另一种观点认为，这并不排斥稽查局对偷税、逃避追缴欠税、骗税、抗税以外的案件进行查处。关于税务稽查局的职权范围，《征管法细则》第九条第二款规定应当由国家税务总局划分。税务稽查局的职权范围界定不仅仅限于偷税、逃避追缴欠税、骗税、抗税案件的查处。现实中全国的税务稽查局也都依据国家税务总局的文件精神和要求对偷税、逃避追缴欠税、骗税、抗税案件以外的税收案件进行检查和处理。

3. 德发公司以拍卖成交价格作为计税依据是否存在"计税依据明显偏低，又无正当理由"情形

税务机关在行使核定征收权时必须符合两个条件：一是纳税人申报的计税依据明显偏低；二是无正当理由。对于计税依据明显偏低，应当由税务机关负举证责任。对于是否具有正当理由，则由纳税人负举证责任。

本案中，根据广州地税稽查一局在法庭上的举证，确实存在价格偏低的事实，德发公司对此也无异议，因此本案的核心问题转化为德发公司计税依据偏低是否有正当理由，从举证责任来看，应由德发公司举证，但举证并不充分。最终法院认可了稽查局的陈述，却没有说明充分理由，只是说明有效的拍卖行为并不能绝对地排除税务机关的应纳税额核定权，在拍卖成交价格明显偏低的情况下，因涉及国家税收利益，该拍卖成交价格作为计税依据并非绝对不能质疑。因此，广州地税稽查一局行使核定权，并未违反法律规定。

4. 稽查局核定应纳税款后追征税款和滞纳金是否合法

由于德发公司不存在计算错误、偷税等行为，因此德发公司不存在缴纳滞纳金的法定情形。在税务机关无法证明纳税人存在纳税责任的前提下，可以参考

《税收征管法》第五十二条第一款规定"因税务机关的责任，致使纳税人、扣缴义务人未缴或者少缴税款的，税务机关在三年内可以要求纳税人、扣缴义务人补缴税款，但是不得加收滞纳金"执行。

关于税款追征期的认定，即以税务机关做出处理决定的时点计算追征期，还是以税务机关立案检查的时点计算追征期。德发公司与广州地税稽查一局对此也存在争议。最终人民法院认定应以启动调查时点计算追征期，不考虑依法启动调查程序期间，解决了此问题的争议。

4.5 案例启示

在本案中，许多争议都与《税收征管法》相关法律制度存在缺陷有关。例如，关于税务稽查局的职权范围问题，还有关于"价格明显偏低"的标准是什么，"无正当理由"的内涵是什么以及关于税款追征期的规定不周全等问题，都是造成本案产生争议的主要原因。法律制度供给不足也是导致最高人民法院对本案某些争议的判决存有商榷的主要原因。因此，应加快对《税收征管法》及相关法律制度的修改进程。

5

2018年以来的增值税减税政策效应分析

——以A机械股份有限公司为例

5.1 引言

2018年以来，我国在短时期内连续出台了多项降低企业增值税税负的措施，这些政策对企业的增值税税负会形成较大影响。本章拟以A机械股份有限公司（以下简称"A公司"）为例，分析这些减税政策的税负效应。

5.2 增值税减税政策背景

我国近期出台的与本案例相关的增值税减税政策具体规定如下：

第一，2018年4月4日颁布的《财政部 税务总局关于调整增值税税率的通知》，规定自2018年5月1日起，纳税人发生增值税应税销售行为或者进口货物，原适用17%和11%税率的，税率分别调整为16%、10%；纳税人购进农产品，原适用11%扣除率的，扣除率调整为10%；纳税人购进用于生产销售或委托加工16%税率货物的农产品，按照12%的扣除率计算进项税额。①

第二，2019年3月20日颁布的《财政部 税务总局 海关总署关于深化增值税改革有关政策的公告》，规定自2019年4月1日起，①增值税一般纳税人（以下简称"纳税人"）发生增值税应税销售行为或者进口货物，原适用16%税率的，税率调整为13%；原适用10%税率的，税率调整为9%；纳税人购进农产

---

① 参见《财政部 税务总局关于调整增值税税率的通知》。

品，原适用10%扣除率的，扣除率调整为9%。纳税人购进用于生产或者委托加工13%税率货物的农产品，按照10%的扣除率计算进项税额。②纳税人取得不动产或者不动产在建工程的进项税额不再分2年抵扣。此前按照上述规定尚未抵扣完毕的待抵扣进项税额，可自2019年4月税款所属期起从销项税额中抵扣。③纳税人购进国内旅客运输服务，其进项税额允许从销项税额中抵扣。④自2019年4月1日至2021年12月31日，允许生产、生活性服务业纳税人按照当期可抵扣进项税额加计10%，抵减应纳税额。⑤2019年4月1日起，试行增值税期末留抵税额退税制度。①

5.3 企业基本情况

A公司主要生产系列数控机床、加工中心等精密机床，产品广泛应用于能源、电子、纺织、化工、汽车制造等行业。该公司前身为国家机械部大型骨干企业，成立于1973年。公司已经通过了国家ISO9001质量体系认证，系一家高新技术企业。

2017年A公司注册资本为420 000 000元，资产总额为3 140 847 462.74元，营业收入额为708 122 049.84元，利润总额为9 772 578.68元，资产利润率为0.31%，营业收入利润率为1.38%。公司缴纳的税费包括增值税、企业所得税、城市维护建设税、教育费附加、房产税、城镇土地使用税、印花税、车船税等，2017年共支付各项税费29 033 004.25元。

5.4 增值税减税政策对企业的直接效应和间接效应

本案例拟以A公司2017年财务数据为例，模拟测算增值税减税政策出台前后A公司增值税等相关税费的变化，并分析其对企业发展的效应。

5.4.1 增值税减税政策的直接效应

增值税减税后，一方面，企业的税收负担会降低，这将直接降低企业的税收成本，从价税合计视角来看，会增加企业的利润；另一方面，当期税负的降低也意味着企业当期可供使用现金流的增加，从而降低企业的资金成本。

---

① 参见《财政部 税务总局 海关总署关于深化增值税改革有关政策的公告》。

1. 增值税及相关税费减少额测算①

A公司的营业收入包括主营业务收入和其他业务收入,其减税前后税率情况见表5-1。其中,主营业务收入系销售产品收入,减税前的增值税税率为17%,减税后的增值税税率为13%;其他业务收入包括两个部分,一部分系对外销售原材料及提供加工修理修配业务收入,即表5-1中的"其他业务收入1",减税前后的增值税税率分别为17%和13%,另一部分系对外提供相关技术咨询服务收入,即表5-1中的"其他业务收入2",减税前后的增值税税率均为6%。这些收入的城市维护建设税(以下简称"城建税")税率和教育费附加附加率分别为7%和5%。

表5-1　　　　　　　　减税前后A公司营业收入税率　　　　　　　单位:%

收入类别	增值税税率		城市维护建设税税率		教育费附加附加率	
	减税前	减税后	减税前	减税后	减税前	减税后
主营业务收入	17	13	7	7	5	5
其他业务收入1	17	13	7	7	5	5
其他业务收入2	6	6	7	7	5	5

A公司的各类能够抵扣增值税进项税额的成本费用及其减税前后分别适用的税率见表5-2。由表5-2可见,A公司的相关成本费用项目较多,适用的进项税率多样,减税前后的变化情况也较为复杂。这些成本费用项目大体可以归为如下几类:第一类,购入的货物、修理修配劳务和有形动产租赁费。这部分成本费用包括购入存货、购入设备、购入办公用品、购入劳保用品、电费、修理费、有形动产租赁费等,其进项税率在减税前为17%,减税后变为13%。第二类,购入不动产。购入不动产的进项税额抵扣办法在减税前后有两个变化,一是税率由减税前的11%变为了减税后的9%;二是减税前进项税额须分两年抵扣,第一年抵扣60%,第二年抵扣40%,而减税后所有进项税额可以一次性抵扣。第三类,购入无形资产。A公司购入的无形资产主要包括非专利技术和软件,这部分费用的进项税率在减税前后没有变化。第四类,购入的运输、基础电信服务及不动产租赁费等。这部分费用的进项税率在减税前为11%,减税后降低为9%。第五类,购入的旅客运输服务。旅客运输服务费在减税前不允许抵扣进项税额,减税

---

① A公司无留抵税金。简便起见,不考虑增值税除销项税额和进项税额之外的项目。

后允许抵扣。其中，取得增值税电子普通发票的，进项税额为发票上注明的税额；取得注明旅客身份信息的航空运输电子客票行程单和铁路车票的，进项税额按9%抵扣；取得注明旅客身份信息的公路、水路等其他客票的，进项税额按3%抵扣。第六类，购入的除前述服务之外的其他服务。这部分费用包括住宿费、技术使用费、展览费、增值电信服务费、广告宣传费、保险费、物业管理费、咨询费、中介机构费用、培训费等，其减税前后的进项税率均为6%。第七类，水费。由于自来水公司一般采用简易征收方法缴税，因此，水费的进项税额是按照3%抵扣率计算的，减税前后没有变化。

表5-2　　　　　　　减税前后A公司成本费用的进项税率　　　　　　　单位：%

成本费用类别	进项税率 减税前	进项税率 减税后	成本费用类别	进项税率 减税前	进项税率 减税后
购入存货	17	13	运输费	11	9
购入设备	17	13	购入不动产	11①	9
购入无形资产	6	6	技术使用费	6	6
住宿费	6	6	旅客运输服务费	0	9或3②
展览费	6	6	有形动产租赁费	17	13
办公用品费	17	13	不动产租赁费	11	9
增值电信服务费	6	6	基础电信服务费	11	9
保险费	6	6	广告宣传费	6	6
咨询费	6	6	物业管理费	6	6
中介机构费用	6	6	修理费	17	13
电费	17	13	培训费	6	6
劳动保护费	17	13	水费	3	3

注：①进项税额须分两年抵扣。
②取得增值税电子普通发票的，为发票上注明的税额；取得注明旅客身份信息的航空运输电子客票行程单和铁路车票的，为不含税票面金额的9%；取得注明旅客身份信息的公路、水路等其他客票的，为不含税票面金额的3%。

表5-3为A公司减税前后销项税额的测算。

表 5-3　　　　　　　减税前后 A 公司销项税额测算

收入类别	金额① (元)	减税前 税率 (%)	减税前 税额 (元)	减税后 税率 (%)	减税后 税额 (元)
主营业务收入	605 585 977.02	17	102 949 616.09	13	78 726 177.01
其他业务收入1②	86 107 641.26	17	14 638 299.01	13	11 193 993.36
其他业务收入2③	16 428 431.56	6	985 705.89	6	985 705.89
合计			118 573 621.00		90 905 876.27

注：①均为不含税金额。
②其他业务收入1为对外销售原材料及提供加工修理修配业务收入。
③其他业务收入2为对外提供相关技术咨询服务收入。

表 5-4 为 A 公司减税前后进项税额的测算。

表 5-4　　　　　　　减税前后 A 公司进项税额测算

项目类别	金额① (元)	减税前 进项税率 (%)	减税前 进项税额 (元)	减税后 进项税率 (%)	减税后 进项税额 (元)
购入存货	492 542 478.16	17	83 732 221.29	13	64 030 522.16
购入设备	7 944 433.51	17	1 350 553.70	13	1 032 776.36
运输费	250 243.46	11	27 526.78	9	22 521.91
购入不动产	26 560 010.00	11②	1 752 960.66	9③	2 390 400.90
购入无形资产	103 911 971.49	6	6 234 718.29	6	6 234 718.29
住宿费	339 910.01	6	20 394.60	6	20 394.60
展览费	76 502.19	6	4 590.13	6	4 590.13
办公用品费	176 543.68	17	30 012.43	13	22 950.68
基础电信服务费	33 675.66	11	3 704.32	9	3 030.81
增值电信服务费	22 450.44	6	1 347.03	6	1 347.03
保险费	1 222 494.59	6	73 349.68	6	73 349.68
咨询费	332 710.95	6	19 962.66	6	19 962.66
中介机构费用	158 339.83	6	9 500.39	6	9 500.39
电费	96 156.57	17	16 346.62	13	12 500.35
水费	41 209.96	3	1 236.30	3	1 236.30

续表

项目类别	金额① (元)	减税前 进项税率（%）	减税前 进项税额（元）	减税后 进项税率（%）	减税后 进项税额（元）
劳动保护费	70 949.87	17	12 061.48	13	9 223.48
旅客运输服务费1④	408 911.75	0	0.00	9	36 802.06
旅客运输服务费2⑤	100 953.27	0	0.00	3	3 028.60
有形动产租赁费	615 086.27	17	104 564.67	13	79 961.21
不动产租赁费	503 252.40	11	55 357.76	9	45 292.72
广告宣传费	31 237.90	6	1 874.27	6	1 874.27
物业管理费	641 556.17	6	38 493.37	6	38 493.37
修理费	453 949.51	17	77 171.42	13	59 013.44
培训费	36 855.66	6	2 211.34	6	2 211.34
技术使用费	8 026.44	6	481.59	6	481.59
合计			87 612 519.47		68 198 063.04

注：①均为不含税金额。
②进项税额须分两次抵扣。A公司上年未购入不动产，本年购入仓库一栋，不含税价为26 560 000元。
③进项税额一次抵扣。
④旅客运输服务费1为注明旅客身份信息的航空运输电子客票行程单和铁路车票的不含税金额。
⑤旅客运输服务费2为注明旅客身份信息的公路、水路等其他客票的不含税金额。

表5-5为A公司减税前后增值税额的变动。可以看出，减税之后，A公司的销项税额和进项税额均减少，其中，销项税额减少27 667 744.73元，较减税前降低23.33%；进项税额减少19 414 456.44元，较减税前降低22.16%。由于销项税额的降幅高于进项税额，减税后A公司一年将少缴纳增值税8 253 288.29元，税负减轻26.66%。

表5-5　　　　　　减税前后A公司增值税额变动

	销项税额	进项税额	应纳税额
减税前（元）	118 573 621.00	87 612 519.47	30 961 101.53
减税后（元）	90 905 876.27	68 198 063.04	22 707 813.23
差额（元）	27 667 744.73	19 414 456.44	8 253 288.29
变动幅度（%）	23.33	22.16	26.66

由于增值税应纳税额的减少,A 公司还可少缴纳城建税 577 730.18 元,少缴纳教育费附加 412 664.41 元。即减税后 A 公司增值税、城建税和教育费附加的税费减少额合计可达 9 243 682.89 元。

由此可见,增值税减税政策对 A 公司的直接减税效应相当好,A 公司由此可以降低税收成本 9 243 682.89 元,就价税合计视角而言,A 公司的利润可以得到相应数额的提高。

2. 资金成本降低额测算

A 公司的生产经营、购置固定资产及研发需要大量的资金,导致 A 公司具有相当多的负债。2017 年年末,A 公司具有短期借款 153 081 273.48 元,长期借款 522 700 524.41 元,此外还有源于融资租入固定资产和分期付款购买专利权而产生的长期应付款 232 425 736.80 元,导致大量利息费用的产生,2017 年利息费用高达 58 011 807.35 元。

如前所述,增值税减税后 A 公司税负将降低 9 281 588.50 元,根据表 5 - 6 测算出的 A 公司平均借款利率 6.51% 可得,税负降低每年能够为 A 公司节约利息费用 601 763.76 元。

表 5 - 6　　　　　　　　A 公司平均借款利率测算

	年初余额	年末余额	年平均额
短期借款(元)	138 250 293.65	153 081 273.48	145 665 783.56
长期借款(元)	636 092 041.38	522 700 524.41	579 396 282.89
长期应付款(元)	99 580 829.56	232 425 736.80	166 003 283.18
合计(元)	873 923 164.59	908 207 534.69	891 065 349.64
利息费用(元)	\multicolumn{3}{c}{58 011 807.35}
年平均利率(%)	\multicolumn{3}{c}{6.51}

此外,就借款而言,一方面,其在获得上可能存在一定难度,即常常并非企业想使用借款就能够得到,因而可能导致延误时机;另一方面,借款的获得需要与放款方进行复杂的协商谈判,在花费时间的同时还会产生交易费用。而降低的税额就是企业可以完全自主支配的自有资金,不存在获得困难或交易费用,这也是企业资金成本的一种节约。

5.4.2 增值税减税政策的间接效应

如前所述，增值税减税政策的直接效应是带来了企业相关税额的减少和资金成本的降低，这会间接改善企业的生产经营状况。

A 公司为高新技术企业，为了在市场中获取竞争优势，需要投入大量的资金用于研究开发和购置专利权、非专利技术和软件等。由表 5 - 7 可见，2017 年 A 公司发生内部研发支出 26 625 632.86 元，用于研发专利；而非专利技术和软件则须外购。2017 年 A 公司全部的研发支出合计 31 235 583.06 元，为营业收入的 4.41%，即其广义的研发投入强度为 4.41%。作为一个高新技术企业，这个研发投入水平相对较低，影响企业的可持续发展。究其原因，A 公司的利润率较低，缺乏足够的自有资金来源，虽然可以通过借款暂时缓解资金紧张，但借款在未来需要连本带利偿还，没有足够的盈利能力无法持续。

表 5 - 7　　　　　　　　2017 年 A 公司研发支出状况　　　　　　　　单位：元

内部研发支出	外购无形资产			合计
	专利	非专利技术	软件	
26 625 632.86	0	3 650 702.01	959 248.19	31 235 583.06

增值税减税政策的出台，可使 A 公司一年减少税款支出 9 243 682.89 元，节约利息费用 601 763.76 元，从而合计增加自有资金 9 845 446.65 元，占 2017 年全部研发支出的 31.52%。这部分资金可以用于企业的研发支出，提高企业的研发水平，促进企业的技术创新和生产率的提高。

此外，企业也可以通过合理规划，将减税节约的资金合理配置在研发、固定资产购置或日常生产经营活动中，从而改善企业的经营状况。

5.5　小结

由前述分析可见，增值税减税后 A 公司一年将少缴纳增值税 8 253 288.29 元，税负减轻 26.66%，其成因是减税政策导致 A 公司销项税额的降幅高于进项税额。由于增值税应纳税额的减少，A 公司还可少缴纳城建税 577 730.18 元，少缴纳教育费附加 412 664.41 元。即减税后 A 公司增值税、城建税和教育费附加的税费减少额合计可达 9 243 682.89 元。这部分税收减少额将转化为 A 公司的自有资金，进而使其降低资金成本 601 763.76 元。

同时，减税政策有利于提高 A 公司获得自有资金的能力，缓解其资金紧张，进而提高 A 公司的研发投入水平并改善其生产经营能力。

由本案例的分析还可以看出，一个企业的减税程度与其生产经营特点密切相关。如前所述，A 公司的减税额主要源于销项税额的降幅高于进项税额降幅，而企业的各类收入项目的税率和购进项目的税率在本次减税政策中的变动不同，从而导致收入和成本结构不同的企业其减税程度相异。

以 A 公司为例，作为制造业企业，其主要收入为产品销售收入，在这次增值税减税改革中，这类收入的税率降低了 4%。因此，笔者将销项税率和进项税率降低 4% 作为一个基准，即如果一项收入的销项税额降低幅度小于 4%，则其销项税额降低就没达到基准水平，其对增值税应纳税额的减少效果为负。如果一项成本费用的进项税额降低幅度小于 4%，其进项税额的降低幅度就低于基准水平，由于进项税额为可抵扣项目，则该项成本费用的减税效果良好；反之，若进项税额降低幅度高于 4%，则该项成本费用的减税效果较差。换言之，若销项税额降幅达到 4%，则其减税效果良好，反之则减税效果较差；若进项税额降幅小于 4%，则其减税效果良好。

由表 5-8 可见，A 公司的各项收入中，主营业务收入和涉及原材料销售、加工修理修配劳务的其他业务收入 1 的减税效果良好，因减税后其税率均下降了 4 个百分点；而涉及对外提供技术咨询服务的其他业务收入 2 对减税的贡献为负，原因是这类收入减税前后的税率未变。因此，A 企业前两类收入比重越高，其减税幅度越大；第三类收入比重越高，则减税效果越差。

表 5-8　　　　　　A 公司不同类别收入的销项税额减税贡献　　　　　　单位：元

收入类别	减税后实际销项税额	以税率降低 4% 计算的减税后基准销项税额	减税后实际销项税额与减税后基准销项税额之差
主营业务收入	78 726 177.01	78 726 177.01	0.00
其他业务收入 1	11 193 993.36	11 193 993.36	0.00
其他业务收入 2	985 705.89	328 568.63	657 137.26
合计	90 905 876.27	90 248 739.01	657 137.26

由表 5-9 可见，减税效果良好的成本费用项目均为减税后进项税额降低幅度低于 4%，甚至进项税额较减税前增加的项目。就 A 公司而言，这些类别的成本费用项目包括运输费、购入不动产、购入无形资产、住宿费、展览费、电信服务费、保险费、咨询费、中介机构费用、水费、旅客运输费、不动产租赁费、广告宣传费、物业管理费、培训费、技术使用费等。其中，减税贡献较高的成本费用项目为购入不动产、购入无形资产、旅客运输服务费、保险费等。因此，A 企业的成本费用中这些类别成本费用的比重越高，其减税幅度就越大。

表 5-9　　　　A 公司不同类别成本费用的进项税额减税贡献

成本费用类别	减税后实际进项税额（元）	以税率降低 4%计算的减税后基准进项税额（元）	减税后实际进项税额与减税后基准进项税额之差（元）	进项税额减税贡献率（%）
购入存货	64 030 522.16	64 030 522.16	0.00	0
购入设备	1 032 776.36	1 032 776.36	0.00	0
运输费	22 521.91	17 517.04	5 004.87	0.55
购入不动产	2 390 400.90	1 859 200.70	531 200.20	58.50
购入无形资产	276 597.01	92 199.00	184 398.01	20.31
住宿费	20 394.60	6 798.20	13 596.40	1.50
展览费	4 590.13	1 530.04	3 060.09	0.34
办公用品费	22 950.68	22 950.68	0.00	0
基础电信服务费	3 030.81	2 357.30	673.51	0.07
增值电信服务费	1 347.03	449.01	898.02	0.10
保险费	73 349.68	24 449.89	48 899.78	5.39
咨询费	19 962.66	6 654.22	13 308.44	1.47
中介机构费用	9 500.39	3 166.80	6 333.59	0.70
电费	12 500.35	12 500.35	0.00	0
水费	1 236.30	-412.10	1 648.40	0.18
劳动保护费	9 223.48	9 223.48	0.00	0.00
旅客运输服务费 1	36 802.06	-16 356.47	53 158.53	5.85
旅客运输服务费 2	3 028.60	-4 038.13	7 066.73	0.78
有形动产租赁费	79 961.21	79 961.21	0.00	0
不动产租赁费	45 292.72	35 227.67	10 065.05	1.11

续表

成本费用类别	减税后实际进项税额（元）	以税率降低4%计算的减税后基准进项税额（元）	减税后实际进项税额与减税后基准进项税额之差（元）	进项税额减税贡献率（%）
广告宣传费	1 874.27	624.76	1 249.52	0.14
物业管理费	38 493.37	12 831.12	25 662.25	2.83
修理费	59 013.44	59 013.44	0.00	0
培训费	2 211.34	737.11	1 474.23	0.16
技术使用费	481.59	160.53	321.06	0.04
合计	68 198 063.04	67 290 044.38	908 018.66	100.00

由此可见，一个制造业企业的减税幅度与其收入结构和成本费用息息相关。

这也为政策制定者提供了如下启示：由于增值税应纳税额是以增值额为计税依据确定的，税额计算上具有环环相扣的特点，因此，增值税的减税效应与其他税种的减税效应存在差异。以企业所得税为例，若将其税率降低4%，则所有企业的税负均降低4%，减税效应对于不同企业而言是基本相同的；但降低增值税税率之后，减税额在不同企业之间的分配则相当复杂。这就要求在制定增值税减税政策时，应当根据整个产业链上不同企业的生产经营特点进行细致分析，以正确判断减税额的分布，避免减税的实际效果与决策者的主观意图发生偏离。

6

北方国际并购税收筹划案例分析[①]

随着市场经济的快速发展，企业并购越来越频繁。为了促进企业并购的发展，我国相应出台了一系列的税收优惠政策。企业在并购过程中，应该充分了解税收优惠政策，从而能够实现并购过程中合理的税收筹划。

本章以北方国际合作股份有限公司（北方国际）并购北方车辆、北方物流、北方机电、北方新能源、深圳华特为例，分析此次并购在并购目标、并购类型、整合方式和融资方式四个方面所体现出的税收筹划。

6.1 北方国际基本情况简介

北方国际合作股份有限公司成立于1986年，并于1998年经中国证监会批准，改制成为中国北方工业公司系统内的上市公司（股票简称"北方国际"，股票代码：000065）。目前，北方国际已发展成为以国际国内工程总承包和建筑装饰工程为主营业务的国际化工程公司。

北方国际同世界许多国家和地区建立了广泛的经济技术合作和贸易往来关系，曾先后在亚洲、非洲、欧洲等十几个国家和地区，通过国际竞标，总承包了几十个大型工程项目，工程涉及交通、房建、能源、通信和环保等多个行业领域，国际工程营业额一直位于中国国际工程公司的前列。同时，北方国际的国内建筑工程业务和铝业产品生产也取得了长足的发展，形成了集铝型材、新型门窗

[①] 案例来源：周彦均. 浅析北方国际合作股份有限公司并购税收筹划[J]. 企业科技与发展，2020(1).

胡绍雨. 关于企业并购的税收筹划思考——以联想并购IBM为例[J]. 西北工业大学学报（社会科学版），2015(1).

和幕墙的设计、生产、制作安装与维修服务为一体的经营体系,被评为"国家级铝门窗幕墙行业优秀企业"。

6.2 被并购方基本情况简介

本次并购交易的标的有中国北方车辆有限公司(以下简称"北方车辆")100%的股权、北方万邦物流有限公司(以下简称"北方物流")51%的股权、广州北方机电发展有限公司(以下简称"北方机电")51%的股权、广州北方新能源技术有限公司(以下简称"北方新能源")51%的股权、深圳华特容器股份有限公司(以下简称"深圳华特")99%的股份。北方车辆以重型车辆、工程机械、石油装备等重型装备的出口、海外组装和投资建厂业务为主。北方物流从事国际货运代理服务,是上市公司及其他标的公司从事国际化业务过程中的重要服务环节,能够提升上市公司及其他标的公司的业务响应能力。北方机电主要从事机场、港口、矿山等物流自动化传输系统的设计、出口等集成服务相关业务模块。北方新能源主营业务为太阳能产品贸易及新能源电力项目开发等。深圳华特从事金属包装容器的生产和销售等业务,是中国具有较强竞争力的金属包装容器出口企业,玛氏食品、亿滋食品、上海庄臣等跨国企业是其稳定的大客户,深圳华特具备产品输出和产能输出的能力,能够丰富上市公司业务线。

6.3 并购方案简介

本次并购交易,根据天健兴业出具并经国务院国资委备案的标的公司《资产评估报告》,以2015年9月30日为评估基准日,标的资产的评估值为164 557.09万元,标的资产的交易价格确定为164 557.09万元,公司以发行股份及支付现金相结合的方式支付标的资产,于2016年2月完成该部分资产的过户手续,其中支付现金购买资产作价合计约13 500.00万元,发行股份购买资产作价合计151 057.09万元,新增股份于2016年6月28日上市。

6.4 企业并购中的税收筹划

6.4.1 选择并购企业时的税收筹划

企业并购是上市公司的资源整合,一方面整合其业务,拓宽业务范围;另一方面，选择收购享受税收优惠的公司，可以继续享受其税收优惠政策，从而降低成本。因此，考虑到税收筹划，上市公司一般会选择享有税收优惠的公司进行合并。北方国际在选择此次并购目标时体现出的税收筹划有：

1. 增值税方面

在我国，为了鼓励出口，拉动经济增长，出口享受增值税零税率的优惠政策，五家收购标的公司均为外贸出口企业，均可以享受出口企业增值税零税率的优惠税收政策。

2. 所得税方面

深圳华特是经深圳市国税局认证的高新技术企业，在所得税缴纳上享受的15%税率优惠，并购后北方国际可继承其税率优惠政策，从而降低所得税费用。

6.4.2 选择重组类型时的税收筹划

进行并购重组，企业既可以选择股权收购方式，也可以选择资产收购方式。这两种方法均能够达到并购的最终目的，然而在税法中，对这两种方法的税收政策却有着很大的不同。

非上市公司的股权转让行为不属于增值税、土地增值税以及契税的征税范围，因此，北方国际通过股权收购方式就可以减少增值税、土地增值税以及契税的缴纳。对于被并购方公司来说，免去了增值税、土地增值税的缴纳，对于并购方北方国际来说，免去了契税的缴纳，因此采用股权收购的方式有利于降低双方并购过程的税负。

6.4.3 选择整合方式时的税收筹划

本案例中五家标的公司均已进入快速成长期，并且属于国家鼓励和支持的产业，选择子公司的形式，可以使国家的优惠政策惠及子公司，进而使北方国际受益。例如，深圳华特所在行业属于国家鼓励类高新技术企业，可以享受所得税收优惠，但北方国际并不符合此税收优惠条件，若采用分公司形式深圳华特将不能继续享受所得税优惠。因此，选择子公司的整合方式更为有利。

企业重组同时符合下列条件的，适用特殊性税务处理规定：①具有合理的商业目的，且不以减少、免除或者推迟缴纳税款为主要目的。②被收购、合并或分立部分的资产或股权比例符合本通知规定的比例。③企业重组后的连续12个月内不改变重组资产原来的实质性经营活动。④重组交易对价中涉及股权支付金额符合本通知规定比例。⑤企业重组中取得股权支付的原主要股东，在重组后连续

12个月内,不得转让所取得的股权。

本案例支付方式为股权支付以及部分现金支付,交易对价具体情况如上表所示,由表6-1中现金和股权支付的金额可以看出,其股权支付比例满足特殊性税务处理方式的条件要求。且本次交易标的选取的目的是为了发挥上市公司资本运作与整合资源功能,具有合理的商业目的;北方国际购买的北方车辆、深圳华特两家标的公司股权分别为100%、99%,购买北方物流、北方机电、北方新能源的股权为51%,并购五家标的公司的股权占比均在50%以上,且交易的股权支付比例都保持在其支付总额的85%以上;并购交易完成后,标的公司原有的实质性经营活动并未发生改变。综上所述,该次企业重组适用特殊性税务处理的相关规定。

表6-1 交易支付方式对价

交易对方	标的资产	账面价值（万元）	评估价值（万元）	现金支付（万元）	现金支付占比（%）	股份支付（股）
北方科技	北方车辆58.33%股权	1 949.95	60 681.19	5 033.71	8.30	35 829 224
	北方物流51.00%股权	5 333.91	8 484.49	1 227.67	15.00	4 473 832
	北方机电51.00%股权	2 937.26	8 768.27	1 315.24	15.00	4 623 465
	北方新能源51.00%股权	1 889.73	2 636.52	395.47	15.00	81 777
	深圳华特89.05%股份	25 768.20	3 652.75	5 482.91	15.00	19 274 090
江苏悦达	北方车辆41.67%股权	13 926.87	43 349.65			26 891 843
天津中辰	深圳华特9.95%股份	2 879.21	4 084.22			2 533 635
合计		72 230.13	164 557.09	13 500.00		93 707 869

当企业并购采用特殊性税务处理时,被收购方相关股东应当在并购当期仅就现金支付对价部分确认应纳税所得(见表6-2)。因此并购当期确认所得为6 454.43万元,法人股东按照25%的企业所得税税率缴纳税款,当期应缴纳所得税为:6 454.43×25% = 1 613.61(万元)。

表6-2 特殊性交易方式应缴税费 单位:万元

标的公司	现金支付对应的转让所得	当期应交所得税(被并购方)
北方车辆	(104 030.84 - 33 421.82)×5 033.71/104 030.84 = 3 416.54	3 416.54×25% = 854.13
北方物流	(8 484.49 - 5 333.91) + 1 272.67/8 484.49 = 472.59	472.59×25% = 118.15

续表

标的公司	现金支付对应的转让所得	当期应交所得税（被并购方）
北方机电	(8 768.27 − 2 937.26) × 1 315.24/8 768.27 = 874.65	874.64 × 25% = 218.66
北方新能源	(2 636.52 − 1 889.73) × 395.47/2 636.52 = 112.02	112.02 × 25% = 28.00
深圳华特	(40 636.97 − 28 936.78) × 5 482.91/40 636.97 = 1 578.64	1 578.64 × 25% = 394.65
合计	6 454.43	1 613.61

若北方国际选择一般性税务处理方式。那么，五家标的公司参与并购的股东就要在并购当期，就全部转让所得缴纳所得税。净资产账面价值 72 230.13，评估价值为 164 557.09 万元，视同可变现净值，评估增值 92 326.96 万元，则标的公司的三家参与并购股东并购当期需缴纳的企业所得税为：企业所得税 = 92 326.96 × 25% = 23 081.74（万元）。

因此，北方国际选择采用特殊性税务处理更为合适。

6.5 小结

本章以北方国际并购北方车辆、北方物流、北方机电、北方新能源、深圳华特为例，分析此次并购在并购目标、并购类型、整合方式和融资方式 4 个方面所体现出的税收筹划。通过该案例启示企业在了解税收政策的基础上，在并购交易的各个环节，都应该进行细致的分析，进行合理的税收筹划，从而降低合并成本，实现利益最大化。

7 星巴克全球避税案例分析

7.1 星巴克全球避税[①]概况

7.1.1 星巴克被诉避税事件始末

星巴克成立于1971年，是一家来自美国的大型连锁咖啡公司。截至2017年，已在70多个国家拥有超过25 000多家咖啡店，其中欧洲区就覆盖了40多个国家和地区，拥有约3 000家咖啡店。2000~2014年，星巴克的欧洲区总部一直位于荷兰阿姆斯特丹，2014年的营业额累计高达48亿美元，但累计缴纳公司所得税仅为1 376万美元，有效税率不足1%。在星巴克将欧洲区总部迁至英国伦敦后，这一全球咖啡巨头的避税行径并没有收敛，仅2017年一个年度，星巴克欧洲业务就获得了1.62亿英镑的利润，而其缴纳的全球税款总额却只有450万英镑，有效税率仅为2.8%，而依照英国税法，公司所得税率却为19.5%。

早在2013年，星巴克的避税行为就得到了欧盟的高度重视。2015年10月21日，欧盟委员会就2008年星巴克与荷兰税务机关达成的预约定价安排进行的国家援助调查做出最终决议，认定荷兰政府向星巴克提供了非法国家援助。决议中指出，星巴克通过"美国—英国合伙企业 Alki LP（阿尔基公司）—荷兰＆瑞士"的公司架构，通过转移销售无形资产的形式，借用转让定价、预约定价安排以及关联方贷款等方法来逃避高额税款。

[①] 案例来源：蔡昌，单滢羽，李蓓蕾. 星巴克国际避税模式探究 [J]. 新理财，2017（4）；延峰，陆京娜. 非法国家援助——由星巴克避税安排引发的法律诉讼 [J]. 国际税收，2016（1）。

预约定价安排（APA）是指企业与税务机关根据企业未来年度关联交易的定价原则和计算方法，向税务机关提出申请，与税务机关按照独立交易原则协商并确认后达成的协议。一般情况下，如果企业在事前与政府签订好预约定价协议、并在规定期间内按照预约定价安排确定的定价方法进行关联企业交易，税务机关将不会针对其纳税行为进行调查和处罚。从2008年荷兰星巴克制造和荷兰政府之间的协定可以看出，该税收协议认可荷兰星巴克制造可以按照交易净利润法来计算并缴纳企业所得税，适用9%~12%的利润率乘以发生成本作为应缴纳税款总额。而欧盟委员会认为，采用交易净利润法导致星巴克按照一般荷兰企业所得税制度应缴纳的税款减少，即默许星巴克可以以特许权使用费或者其他方式将在荷兰产生的利润转移到其他国家。而按照《欧盟运行条约》第107条，非整合型企业的应税利润按照该制度由市场决定，应采用可比非受控价格法。因此欧盟委员会认定荷兰政府为星巴克提供了非法国家援助，即其给予的税收优惠违反了公平竞争原则且直接造成了该企业在该行业的垄断地位，使星巴克和同类企业相比更加具有竞争优势。因此，欧盟委员会决议荷兰政府应收回星巴克根据预约定价安排获得的优惠。

然而，2019年9月24日，普通法院宣布欧盟委员会指控星巴克获得国家援助的最终决议无效。普通法院在裁决中指出，欧盟委员会在推断星巴克获得特殊税收优惠上缺少直接证据，例如欧盟委员会没有直接证明其所识别的预约定价安排协议中的计算方法错误导致该协议不符合独立交易原则，同时欧盟委员会也未说明纳税人采用交易净利润法而非可比非受控价格法会导致应纳税款总额偏低的具体原因。但欧盟委员会仍可在普通法院判决通知下达后2个月零10天内提出上诉。

尽管欧盟委员会针对星巴克避税案的最终决议因直接证据不足而被普通法院驳回，但星巴克在其总部位于阿姆斯特丹期间，有效税率仅为1%是不争的事实。本章将从星巴克内部架构、欧盟对星巴克避税案的详细调查结果、BEPS对跨国避税案产生的影响以及星巴克避税案件对我国避税法条的启示几个方面，对星巴克避税案例展开分析。

7.1.2 星巴克的组织结构和全球税收筹划活动

1. 星巴克组织结构分析

星巴克在全球范围内都投资设立了子公司，并根据不同国家不同地域的不同特点采取不同商业组织结构。比如在英国、泰国等国家，星巴克集团持有子公司

100%的股权进行独资经营；而对于日本地区，星巴克基本只控股50%；在中国香港、上海等地则采取许可协议的形式，所占股份不超过5%。通过分析星巴克目前的税负情况我们可以发现，其在美国所缴纳的税款已经达到了星巴克整体税负的85%左右，而相比之下，其在全球其他地域所纳税款总额加起来不超过15%。星巴克正是利用这种极其复杂的组织架构进行税收筹划，从而达到避税目的。

如图7-1所示，Alki.LP是一家由星巴克美国总部100%控股的英国有限责任合伙公司，其在整个避税链条中都起着十分关键的作用。Alki.LP并不负责运营公司主体业务，而是负责整个星巴克无形资产的研发，拥有咖啡豆烘焙方法以及星巴克商标权等。荷兰星巴克总部主要负责与各个门店签署销售合同并将从Alki.LP获得的特许权授予各个门店使用并从中获取收入。而荷兰星巴克总部下属控股的瑞士星巴克主要负责的是星巴克的采购业务，类似公司运营中的采购部门，为荷兰星巴克制造提供其所需的生咖啡豆，再由荷兰星巴克制造通过从Alki.LP获得的咖啡豆烘焙方法，将咖啡豆进行精加工，连同咖啡衍生产品一起销售给欧洲各门店。

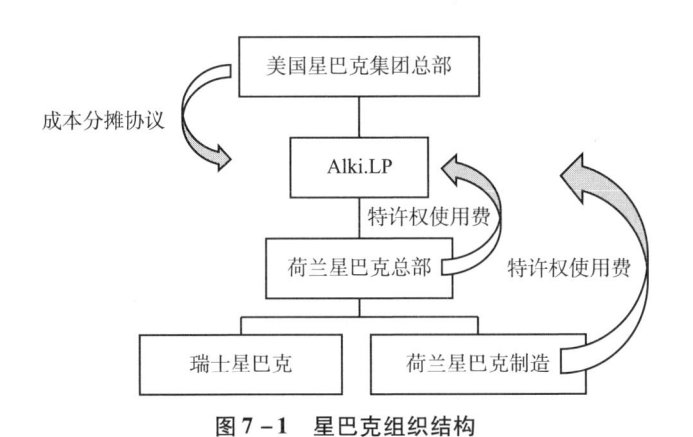

图7-1 星巴克组织结构

星巴克构建这样一个迂回复杂的控股架构的目的显而易见，是要将其在海外的利润集中在英国和瑞士这两个国家。原因有二，第一，瑞士是有名的避税天堂，企业所得税率只有20%，远远低于美国的35%，也低于欧美多数国家；第二，其在英国的"利润据点"Alki.LP是一个合伙制企业，不用就其在英国所获利润缴纳英国的企业所得税，而是在利润分配至各个合伙人之后，由合伙人自行缴税。

2. 星巴克各环节避税分析

星巴克各环节避税如图 7-2 所示，具体说明如下。

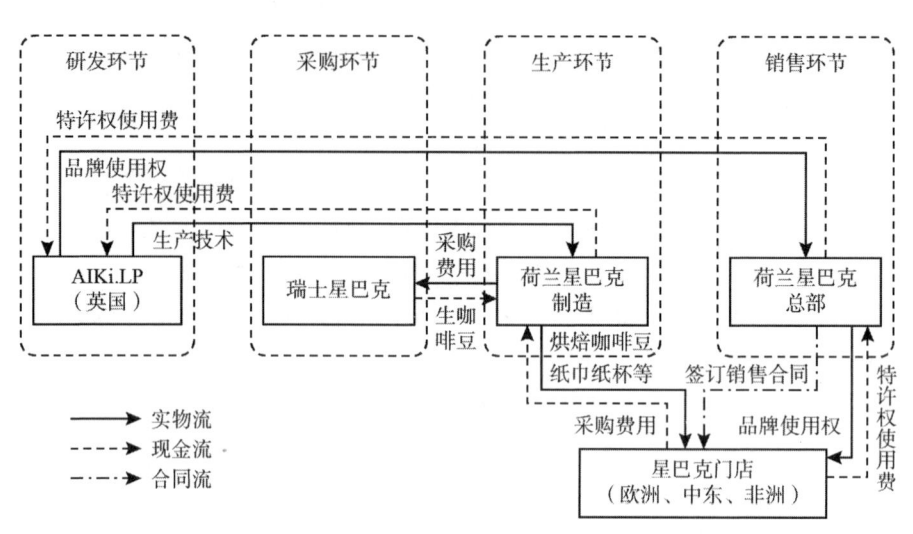

图 7-2　星巴克集团在欧洲、中东和非洲市场的价值链分析①

（1）美国星巴克总部的税负分析。

星巴克总部位于美国西雅图市，它不仅 100% 控股英国 Alki. LP，还与其签订了成本分摊协议。这个成本分摊协议作为星巴克避税的功臣之一，为美国合伙人减少了其在美国的税收负担，而且减少了美国星巴克总部的税收负担。根据美国税法第 367d 条规定，如果母公司为了取得海外子公司的股权而将无形资产转移给海外子公司使用，这一无形资产的转让行为应当视为无形资产的销售行为，并在未来二十年内就该无形资产取得的特许权使用费在美国纳税。而星巴克美国总部在与 Alki. LP 签订了成本分摊协议之后，二者对星巴克无形资产就形成了共同拥有并一起承担相应的研发费用。如此一来，星巴克美国总部不但不用为特许权使用收入而缴税，还可以在计算缴纳企业所得税时扣除其花费的研发成本，可谓是一举两得。

（2）英国 Alki. LP 公司的税负分析。

正如前文分析，Alki. LP 处于研发环节，其将咖啡豆烘焙配方作为专利技术授予荷兰星巴克制造，然后从中收取大额的特许权使用费，并将星巴克商标使用

---

① 延峰，陆京娜. 非法国家援助——由星巴克避税安排引发的法律诉讼 [J]. 国际税收，2016（1）.

权授予荷兰星巴克总部以将利润转移到 Alki. LP。对于这一部分的利润,根据英国和荷兰签订的税收协定,特许权使用费属于积极营业所得,除非其在荷兰有分支机构,否则是不需要在荷兰纳税的。同样,Alki. LP 也不需要向美国纳税,因为根据美国打钩规则,美国星巴克总部可以将荷兰星巴克总部和荷兰星巴克制造认定为无视实体,即在美国税法中被视为不存在,因而 Alki. LP 所获得的特许权使用收入和商标使用收入被认定为内部收入,并不需要缴纳美国企业所得税。

除此之外,Alki. LP 的另一个避税重要手段就是资本弱化,即不断增加债券性融资并减少权益性融资,从而利用利息的税盾效应,达到增加费用类支出进而减少企业应税利润的目的。尽管目前在我国,公司间的借贷是不被允许的,但英国法律允许公司之间相互借贷,所以英国 Alki. LP 向那些设立在低税率国家的公司借贷,并约定有利于自身避税的借款利率,通过支付大量的利息费用将产生在英国的利润转移到低税率国家。

(3) 对荷兰星巴克总部的税负分析。

荷兰星巴克总部为了减轻自身的税负最常用的手段就是转让定价,转让定价是指关联企业之间在提供劳务、销售商品的时候对价格进行内部自主约定。为了取得欧洲地区特许权的所有权,荷兰星巴克需要向英国阿尔基公司缴纳一定比例的特许权买入款项,而这一款项并不需要在荷兰纳税,因为根据荷兰税法的规定,对向境外支付的特许权使用费等荷兰税务机关并不征收相关的预提所得税。但是,通过支付高额的特许权买入款,星巴克就可以将产生在荷兰的利润转移到英国,即通过运用转让定价的手段来减少应当缴纳的税款。转让定价这种避税方式之所以能够存在,主要是因为各国的税制不同,在税率和税收规则等方面都存在差异,这就给跨国公司利用转让定价方式进行避税提供了方便。

星巴克各个门店得到荷兰星巴克总部的授权使用特许权是需要缴纳一定费用的,荷兰星巴克总部收取的特许权使用费理应在荷兰纳税,但是这个收入又可以和向英国 Alki. LP 支付的特许权买入款相抵消,抵消后只需就很少一部分利润向荷兰税务机关纳税。

从长远来看转让定价并不能完全规避高税国的税负,一旦有一天利润汇回高税国,高税国仍会对这部分利润进行征税。但是跨国集团(公司)仍然喜欢用这种方式避税,因为这样还是能为他们带来一定的好处:第一,使用转让定价的方式避税相当于延期纳税,从政府部门免费得到了一笔无息贷款,延期的时间越长就越能给整个集团内部带来好处;第二,从全球经济形势来看,各国或多或少都会存在通货膨胀,税款越是延期,越是可以降低高税国的实际所得税税率。

(4) 对荷兰星巴克制造的税负分析。

首先,荷兰星巴克制造和荷兰星巴克总部一样,就所支付的特许权使用费是不需要交预提所得税的,并且对于荷兰星巴克制造所取得的利润也只需要在荷兰缴纳少量的税收。因为荷兰税务机关和荷兰星巴克制造签署了预约定价安排确定其为来料加工企业,因而可以按照交易净利润法来计算应当缴纳的税款。另外,根据双方约定的协议,荷兰政府默许只要荷兰星巴克制造把自己的利润率保持在5%并向荷兰政府缴纳固定量的税收,就可免去荷兰税务机关的调查。其他在荷兰产生的剩余利润,荷兰星巴克制造可以根据自己的意愿合法地转移到其他低税率的国家,因而荷兰星巴克制造在荷兰只承担较轻的税负。

(5) 对瑞士星巴克的税负分析。

瑞士星巴克主要是和荷兰星巴克制造进行未烘焙咖啡豆的买卖交易。这个看似非常普通的一买一卖活动其实也暗含着星巴克的避税活动。其避税的秘诀在于支付的采购价款是正常原材料成本的120%,而相较之下从同类类似企业购买类似的咖啡豆支付的采购价款仅为原材料正常成本的105%。荷兰星巴克制造在与瑞士星巴克进行咖啡豆买卖交易的过程中利用转让定价的方式将其在荷兰产生的利润转移到瑞士,而相较于荷兰的高税负,星巴克只需要缴纳瑞士5%的企业所得税,从而达到了少缴税的目的。以至于欧盟在对星巴克进行税务调查后得出的一个重要的结论就是:荷兰星巴克制造向瑞士星巴克支付的咖啡豆采购款过高,不符合独立交易原则。

7.2 欧盟对星巴克避税案的调查结果

7.2.1 支付过高的采购费

欧盟对星巴克进行税务调查之后得出了两个重要的结论,其中之一就是荷兰星巴克制造支付的咖啡豆费用远远超过正常水平。虽然荷兰星巴克制造坚称自己遵守了所有相关的税收法律以及规定,并且严格执行了和荷兰政府达成的预约定价安排,但是不可否认的是,其支出的采购价款是原材料正常成本的120%,其中20%部分是对瑞士星巴克承担的采购功能的补偿。但这20%真的是瑞士星巴克的合理利润水平吗?从同期的数据资料显示,在价值链条中处于相似地位的咖啡豆加工生产企业一般保持在4.9%~13.1%的利润水平。所以咖啡豆采购企业保持4.9%~13.1%的利润水平才是合理的,荷兰星巴克制造支付的材料采购费用明显与常理水平相违背。通过支付较高的材料采购费用，荷兰星巴克制造就把原来产生在荷兰的利润转移到了瑞士这个税负相对较轻的国家。

7.2.2 支付不合理的特许权使用费

税务调查得出的另外一个结论就是荷兰星巴克制造向英国的 Alki. LP 支付了不合理的特许权使用费，而这笔特许权使用费是为了从 Alki. LP 购买咖啡豆烘焙技术。暂且不说这笔特许权使用费是否存在高估的可能性，仅仅就咖啡烘焙技术是否是专利技术这个问题就会让人产生很多疑问。其实荷兰星巴克从 Alki. LP 购买的与其说是专利技术不如说是一种配方说明，这个配方仅仅说明了在烘焙咖啡豆时应该采用的温度，并没有提供什么具有实质性的专利技术信息。如果这个配方说明可以认定是专利技术的话，那么瑞士星巴克制造就可以把在瑞士产生的利润通过特许权使用费的方式再度转移到英国。但欧盟表示没有任何一家公司会心甘情愿地为这样的信息支付特许权使用费。即使是欧盟认同这个配方说明可以作为专利技术收取特许权使用费，那么应该按什么标准来收取也成为问题争议的焦点。OECD 指南上说明，应该以产量或者销售额来作为标准收取特许权使用费，当然以收入、利润作为标准在极特殊的情况下也是允许的。但是从欧盟的税务调查报告来看，阿尔基收取的特许权使用费并没有以瑞士星巴克制造的产量、销售额甚至是利润作为标准，而是在瑞士星巴克制造保留了 5% 的常规利润的情况下将剩余利润全都用来支付特许权使用费。虽然荷兰星巴克制造是严格按照预约定价安排执行的，并且也得到了荷兰政府的默许，但是这种预约定价安排的确违反了独立交易原则，造成了荷兰星巴克制造在荷兰少交了 2 000 万 ~ 3 000 万欧元的税款。

7.2.3 不合理的使用成本分摊协议

跨国公司的税负与成本分摊协议息息相关，因而需要对成本分摊协议的合理性进行深一步探究和分析。成本分摊协议是参与交易的双方对无形资产的开发和使用签订的一项协议，协议中约定参与双方按照一定比例共享开发无形资产的成果，也共同负担开发成本。之所以设立成本分摊协议这项制度，是因为在对无形资产的开发初期不能确定是否能够取得成功。如果无形资产的研发没有取得成功，那么一方将不能在计算税款的时候扣除对方所负担的研发成本。但是现在跨国公司签订成本分摊协议的目的已经和原先的初衷背道而驰，往往是出于避税的目的。跨国公司正是利用和税务机关之间的信息不对称来实施自己的避税行为。

在现实的实践中，跨国公司只有在自己十分确信无形资产的研发能够取得成功的条件下才签订成本分摊协议，这将便于跨国公司将利润转移到低税收国家中以减轻自己的税负。而 Alki. LP 公司和美国星巴克总部就是利用成本分摊协议来进行避税的。虽然 Alki. LP 公司和美国星巴克总部之间签订的成本分摊协议并没有对外披露，但是毫无疑问的是，Alki. LP 公司每年都需要向美国星巴克总部支付一大笔费用。这一大笔费用足够使 Alki. LP 公司每年的应纳税所得额降到很低的水平。

7.2.4 企业功能定位的偏差

欧盟认为，荷兰和星巴克制造签定预约定价协议是违背常理的，因为在该项协议中，荷兰星巴克制造的企业类型被定义为来料加工型并且使用了交易净利润法来计算应纳税额，即以 9%~12% 的利润率乘以成本来计算税额。生产型企业和来料加工型企业的主要区别在于材料采购方面，一般来说前者采购的原材料属于企业的资产归企业所有，而后者主要负责加工所用到的原材料大部分是由委托方供给，其并不拥有原材料的所有权，仅仅根据合同的约定收取加工费。在欧盟对星巴克的税务调查中，荷兰星巴克制造声称自己是来料加工型企业，理由是其所有采购、销售合同都是荷兰星巴克总部代为签订的，相较于其他正常的企业其在采购、销售方面不用承受任何的风险和损失，因而定义自己为来料加工企业是合理的。但是从欧盟委员会的税务调查报告来看，瑞士星巴克制造在从事无风险的来料加工业务的同时还计提了存货跌价准备，这就表明其承担了相应的存货风险，因而在用交易净利润法计算税额的时候，咖啡豆的采购成本、存货的跌价风险以及其他费用都应该算作企业的成本并作为基数来计算应纳税额。然而事实却是，荷兰星巴克制造声称自己是来料加工型企业，并没有把这类成本作为基数计算缴纳税收导致税基过窄，少缴纳了大量的税款。

7.3 BEPS 行动计划对跨国公司避税产生的影响

税基侵蚀和利润转移（base erosion and profit shifting，BEPS）是指利用不同税收管辖区的税制差异和规则错配进行税收筹划的策略，其目的是人为造成应税利润"消失"或将利润转移到没有或几乎没有实质经营活动的低税负国家（地区），从而达到不缴或少缴企业所得税的目的。

欧盟对星巴克的税务调查就是对 BEPS 做出的回应。2013 年 OECD 发布了 BEPS 行动计划倡导书和 BEPS 行动计划，就在同一年欧盟开始了对星巴克的税务调查。2015 年 OECD 最终敲定了 BEPS 的最终行动计划，同年欧盟对星巴克的税务调查得出了结论，开出了罚单。此后，欧盟积极从事对 BEPS 行动计划的补充和完善，以便遏制跨国公司的税基侵蚀、转移利润的行为。

OECD 对外发布的 BEPS 行动计划有三大核心支柱：税收与经济实质相匹配原则、裁定透明度原则、规则一致性原则。这三个原则分别从不同的角度来抑制国际避税行为，为那些跨国公司的国际避税行为增添了许多不确定性。

7.3.1 税收与经济实质相匹配原则

税收与经济实质相匹配原则并非凭空而生，而是建立在实质重于形式这一理论之上，国际税收领域对这一原则并没有保持足够的重视，认为这并非解决 BEPS 问题的关键，但是事实上很多类似星巴克这样的跨国公司就游走在独立交易原则的边缘，他们有权选择有利于自己的交易形式获取税收利益而忽视政府的利益，直到 BEPS 行动计划的提出才使学者们意识到这一原则的重要性。这一原则的判断依据主要在于两点，一是企业的交易行为是否能够为其自身带来税收利益，二是对于企业来说获得的税收利益是否明显。

而关于是否获得税收利益的标准是什么，又该如何判断该利益是否显著本身就具有很大的主观性，从未有过定论或者标准。有的学者认为只要纳税人获得了税收利益，那么这个税收利益就是显著且重大的，有的学者则认为只有当纳税人获得的税收利益大于他的非税收益时，这个税收利益才是显著且重大的。直到 BEPS 行动计划的发布，才终于有了一个被普遍认可的标准，从而使得各国更加注重税收与经济实质相一致原则，也更加便于这一原则在实际避税案例中的应用。

在星巴克的避税链条中使用最多的方法就是转让定价，即将无形资产与成本分摊协议相结合通过全球的税务安排将税负由高税国转移到低税国，以保证企业集团内部利益的最大化。美国星巴克总部与英国 Alki. LP 签订的成本分摊协议明显不符合税收与实质相匹配原则。星巴克大部分的技术研发是发生在美国境内的，但是为了避税，星巴克集团在 Alki. LP 并没有实质参与技术研发的情况下，恶意使用成本分摊协议允许其分担研发成本。在 BEPS 最终行动计划颁布以后，可以肯定的是，像星巴克这样在全球拥有众多分支机构的公司如果再次使用类似方法进行国际避税，必然会受到税务机关的调查，增加自身的税务风险。

7.3.2 裁定透明度原则

跨国公司越来越多地使用不当的国际避税形式来减轻自身税负，其中一个原因就是各国的税务机关拥有自由裁定的权利，但税制缺乏透明度。这种透明度的缺乏可能是一开始设计税制时就存在问题，也可能是税收征管方式上存在问题，比如税务机关可能存在执法的不公平现象，或者是部分的法律条款具有可协调性等，因此不提高裁定的透明度就不可能从根本上有效地打击有害税收行为和活动。而裁定透明度原则旨在各国能够共同协作，通过双边或是多边的情报交换工作提高税收的透明度，从而打击跨国公司的有害避税行为。BEPS 行动计划还鼓励非 OECD 成员国也参与到共同打击有害的国际避税行为的行动中来，比如说当一国单独与某一跨国企业达成预约定价安排后，就应该同其他与该跨国企业有经济利益关联的国家进行强制性的情报交换，使得这些国家也能够清楚跨国公司在海外产生的利润以及承担的税负，避免因信息的不对称性而造成对跨国公司双重不征税或双重征税现象。BEPS 行动计划还主张各国的税务机关应当积极地准备和分享转让定价的同期资料，这样不仅有助于本国掌握跨国公司的主要情况对其进行监控和约束，还能让其他相关国家了解跨国公司的基本信息，以便共同防止避税行为。

在 BEPS 最终行动计划颁布后，星巴克再也不能通过签订预约定价安排来进行避税活动，行动计划明确规定各国政府应制定相应的税收法规使本国的税收裁定更加透明化。在此案例中，若荷兰政府再次与荷兰星巴克制造签订预约定价安排，则相关国家即美、英等国家应该发起自动的、强制性的情报交换，以使这些国家能够了解荷兰星巴克制造在荷兰的纳税情况以及利益转移情况，避免荷兰星巴克在其他国家少缴税款的情况再次发生。

7.3.3 规则一致性原则

在世界各大经济体强力推动下，BEPS 行动计划针对的目标不仅仅是跨国公司。OECD 最初颁布 BEPS 行动计划的目的是为了有效地防止跨国公司转移利润、侵蚀税基的有害经济行为，这一目的的成功在世界范围内达成了一致共识，以至于一些低税率的国家和地区也被 OECD 列入了黑名单，变成了 BEPS 行动计划的重点打击目标。BEPS 行动计划在打击有害避税行为的同时，更是国际税收领域的一次重新洗牌，减少各国的税制差异，保持国际规则的一致性也是其中一个重要目标。BEPS 行动计划的发布是国际社会联合起来共同打击有害税收实践的一个标志，其中很多的具体行动计划给各国的国内法和税收协定范本提出了修改意见，一旦这些意见被各国税务机关所采用，它将能有效地协调世界各国税收规则，保持其一致性。

卢森堡政府曾与 340 多家跨国公司签订了税收优惠协议，协议给予这些公司特殊的税收待遇，帮助这些公司降低全球税收负担，这一行为违背了公平竞争原则，使其他国家的税收主权受到了损害，如果能够彻底贯彻一致性原则，那么跨国公司再想通过这个手段将大量利润从实体经营国家转移到卢森堡这类"避税天堂"就不太可能了。

在星巴克的避税链条中，为了享受英国关于无形资产的税收优惠政策，Alki. LP 与美国星巴克总部签订成本分摊协议，按照成本分摊协议的规定英国 Alki. LP 在计算所得税时可以扣除其负担的无形资产研发成本并且还可以享受英国关于研发的税收优惠。但是英国 Alki. LP 实际上并没有承担研发功能，可以说大部分的研发是集中在美国发生的。经过各国对本国税法的完善后，Alki. LP 再也不能通过此办法来减轻自己的税负，BEPS 行动计划的颁布使得国际社会的税收规则趋于一致化。

7.4 星巴克等国际避税案对我国的启示

7.4.1 完善反避税法律体系，建立法律之间的必要衔接

为了减少法律漏洞，避免跨国纳税人的国际避税行为，我国也十分重视反避税法律法规的制定，不断出台相关的法律法规，比如《中华人民共和国外商投资企业和外国企业所得税法》和《中华人民共和国税收征管法实施细则》中也有针对关联企业交易和预约定价的相关规定。但是整体性较弱，法规零星分散，且广泛采用部门规章形式，层级偏低，难以对日益复杂的跨国经济活动形成系统的管理和约束。所以，要针对国际避税行为专门制定反避税法，形成反避税体系。可以借鉴其他国家的经验及做法，比如英国的利润转移税。

在过程中应当重点关注以下问题：①税务机关应当加强对关联企业的交易监督。②制定针对转让定价行为的解释条款，制定针对不符合独立交易原则、违反公平原则的转让定价行为的限制条款。③明确税务机关对于外资企业反避税行为的审查范围和处罚方式。

7.4.2 加强国际情报交换和税收征管方面的交流合作

BEPS 第 5 项行动计划指出：各成员国应就包括单边预约定价安排在内的特定裁定开展强制性自发情报交换，减少可能造成的事实扭曲，提高有限信息在相

关各国的透明度，从而规避税基侵蚀与利润转移风险。跨国公司的避税行为往往牵涉多个国家和地区，因此应当加强国际间的交流合作，签订国家间的反避税协定。

一是加强协议各方的情报交换工作。除了法律漏洞，跨国公司国际避税往往是利用了国家之间的信息不对称，因此，及时掌握跨国公司的经营状况和纳税情况有助于减少双重征税和双重不征税的现象。二是税收征管方面的交流工作。协议各方应当保持对于跨国避税行为处理方法的一致性，保证公平性，巩固协议合作关系。三是政策变动方面的交流工作。对于已经签订协议的国家或地区，若本国税法发生了变动应当及时通知协议各方，经过各方商议后做出适当的变动。

由于与我国签订国际避税协议的国家中，有很多是国际知名避税地或者低税率国家，因此我国也要针对这一情况修正和完善相关的税收协定，避免协议中的优惠条款加速资本外流。

7.4.3 加强监督和处罚力度

税务机关要认识到反避税工作的重要性，对反避税行为实行严格监管并加大对跨国公司避税行为的处罚力度，加大跨国公司的避税成本，从而减少跨国公司避税行为的发生。

加强监督力度，首先，税务机关要加强对跨国公司的调查审计。在跨国公司提交纳税材料后，要派专业的税务人员对其申报材料进行研究和分析，查看其是否与实际经营状况相符。必要的时候可以启动跨国联合审计。联合审计是近期逐渐受到重视的国际征管新思维，是指由两个或两个以上的国家联合起来专门成立一个审计小组来负责审计跨国公司的跨境交易活动，它不仅是一个审计过程，更是一种国际交流合作的过程。其次，除了跨国企业定期报送的纳税材料，税务机关还要与工商、金融等部门联合，拓展数据清册，共享涉税信息，注意对重点纳税人进行日常税务调查，从中发现明显的异常行为，从而有针对性地进行深入调查。最后，要明确纳税人的举证责任，给纳税人施加心理压力。公司必须举证证明自己做出的这样一种安排是合理的，行为目的也是正当的。

处罚力度过轻是跨国公司进行国际避税的又一大原因。因此要加大有害避税行为的处罚力度，提高避税成本，减少避税利益，从避税动机上减少国际避税行为。

7.4.4 减少自由裁量权区间，避免下级税务机关滥用权力

在本章分析的星巴克案例中，瑞士星巴克制造能够成功避税的一大原因就是瑞士税务机关不正确地使用了自由裁量权。由于法律存在标准界定模糊、权力范

围界限的不明确问题，瑞士当地税务机关便利用了这一点，允许瑞士星巴克制造每年向当地税务机关缴纳定量税款就可以避免税务检查。所以，国家应当避免自由裁量权的不正当使用造成的企业之间不公平现象。

要想避免税务机关不正常使用自由裁量权应做到以下几点：①在税法的制定过程中，要保证税法用词的准确性，避免模糊用词。②税务机关税收政策公开化，避免税务机关在无人监督的情况下擅自使用自由裁量权。③完善问责机制，落实主体责任。

7.4.5 跨国企业应当加强内部管理，规避税务风险

BEPS行动计划是国际社会联合起来一起打击有害的税收实践活动而形成的共同成果，也是各国关于反避税活动的共识。跨国公司应当重视BEPS行动计划对各国及公司的影响，了解BEPS行动计划的目标，知晓其具体内容，从而加强自身的内部管理，规避税务风险。

对于已经从事跨国交易的企业，首先应当考虑该国的税法是否已经发生了变化。因为BEPS行动计划中加大了对跨国企业利用转让定价和混合错搭方式进行避税的限制，所以跨国企业要重新审视自己原本那些游走在法律边缘的避税方法，在各国的税法变动后是否还具有合法性，及时对自己不合法的投资结构、避税方法进行重新规划，否则企业将会面对巨大的税务风险。

对于没有开始跨国交易的企业，在进行投资之前就要认真学习BEPS行动计划，避免涉及已经被限制的国际避税的内容，减少企业税务风险，减少不必要的处罚成本。

7.4.6 充分发挥税务中介的作用

从以往的经验来看，纳税人对税收政策的不理解与税收政策适用方面的不确定是产生跨境交易税收风险的主要原因。税务中介处于税务机关和跨国公司中间的位置，既可以帮助税务机关按照法律的规定对跨国公司进行审计，审查跨国公司的经营活动是否正规，维护国家的利益，也可以接受跨国公司的委托，帮助企业策划减轻税负的方案。而且中介机构在长期业务的实践过程中，积累了许多对各国不同税制、各行业不同涉税风险等方面专业经验。因此，要充分发挥税务中介的作用。特别是在BEPS行动计划颁布、各国修改反避税条例以后，协助跨国公司快速更新税法知识，准确理解税收法律的内涵，从而变更或调整相应的税收安排。

8

税费同征模式对企业绩效的影响分析

——以 2016 年沪深 A 股上市公司为例

2018 年 7 月 20 日,《国税地税征管体制改革方案》中明确规定,自 2019 年 1 月 1 日起,我国由税务部门统一负责征收各项社会保险费,标志着我国多年来实行的社保费"双重征缴"过渡到税费同征同管模式。然而,社保征管力度的显著提升,必然加重企业的社会保险缴费负担,从而对企业的经营绩效产生影响。因此,本案例从企业实际社保缴费率这一视角切入,利用 2016 年沪深 A 股全行业上市企业财务数据,模拟测算并分析了双重征缴体制下企业实际缴费率的水平以及社会保险费征缴模式的调整对企业经营绩效的影响,分析其成本与盈利变化特点及规律性,为完善社会保险费征管体制,实现税务机关征缴效率以及企业间缴费负担公平的双赢提供参考。

8.1 《国地税征管体制改革方案》简介

随着国地税征管体制改革不断深入,2018 年 7 月 20 日,中共中央办公厅、国务院办公厅联合发布《国税地税征管体制改革方案》,通过改革,逐步构建起优化高效统一的税收征管体系,为纳税人和缴费人提供更加优质高效便利服务,增强税费治理能力,确保税收职能作用充分发挥。

该改革方案主要包括以下内容:

①改革国税地税征管体制,采取先挂牌再落实"三定"规定,先合并国税地税机构再接收社会保险费和非税收入征管职责;②对税务部门领导管理体制做了规定,明确国税地税机构合并后实行以税务总局为主、与省区市党委和政府双重领导的管理体制,明晰了税务总局及各级税务部门与地方党委和政府在税收工作

中的职责分工；③明确从2019年1月1日起，将基本养老保险费、基本医疗保险费、失业保险费、工伤保险费、生育保险费等各项社会保险费交由税务部门统一征收；④按照便民、高效的原则，合理确定非税收入征管职责划转到税务部门的范围，对依法保留、适宜划转的非税收入项目成熟一批划转一批，逐步推进；⑤增强政策透明度和执法统一性，统一税收、社会保险费、非税收入征管服务标准。

8.2 社会保险费征缴体制演变

20世纪80年代，我国开始进行社会保障制度的改革，从原有的由国家和单位"一管到底"的社会保障制度逐步迈向国家、企业、个人共同负担的社会保障制度。1993年，党的十四届三中全会明确阐述了建立多层次的社会保险体系的社会保障制度改革目标，确立了"统筹账户与个人账户结合"的基本养老保险制度方案。此后，我国一直由社保部门独立负责社会保险费的各项征管工作。

随着国企改革的探索发展，大批中小国有、集体企业申请破产，造成了严重的失业问题，使得我国各项社保征缴工作难以正常开展，加之养老保险给付标准逐年提高，养老基金收支缺口越来越大。为了加强社会保险征缴工作，提高征缴效率，实现社保基金收支平衡，部分省份开始探索将社会保险费改由地税部门统一征收。1995年，武汉市率先开始试行地税部门"部分代征"的征缴模式，即部分国有企业的养老保险缴费由地税部门负责代征。1998年，中央为了保障社会失业人员与企业离退休人员的基本生活和福利水平，提出"两个确保"的工作目标，使得扩大社保覆盖面、加强社保费征缴成为各级政府的重要任务，并成为地方政绩考核的指标之一。同年，浙江省开始实行由税务机关代征社会保险费的征缴体制模式。1999年，国务院颁布《社会保险费征缴暂行条例》，该条例对两部门的征缴主体地位予以合法化，规定社会保险费的征收机关既可以是税务部门，也可以是社保部门，具体操作办法由各地政府另行规定①。自此，具有中国特色的社保费"双重征缴"体制确立。

2000年后，由于社保部门征收养老保险费越来越困难，与此同时，学术界开始探讨我国应逐步由征收社会保险费过渡到开征社会保障税。因此，越来越多的省、市按照《社会保险费征缴暂行条例》的规定，将养老保险费改为税务部门强制代征。2010年，《中华人民共和国社会保险法》正式颁布实施，法律明确规

---

① 参见中华人民共和国国务院令（第259号）《社会保险费征缴暂行条例》。

定我国的社会保险费实行统一征收,但是仍未明确各项社保费征管工作的具体负责机关。十几年来,法律层面的模糊规定,使得的社保费征缴主体之争仍然没有得到有效解决。

随着国地税征管体制改革不断深入,2018年7月20日,中共中央办公厅、国务院办公厅印发了《国税地税征管体制改革方案》,该改革方案中明确规定,自2019年1月1日起,我国将由税务部门统一负责征收各项基本社会保险费[1],以构建优化高效统一的税收征管体系,为高质量推进新时代税收现代化提供有力制度保证。

社会保险费征缴模式调整的目的是为了加强社保基金征收管理,提高社保征缴效率,但是长期以来,我国的社会保险制度实行浮动政策,不同地区的企业按照不同的缴费基数申报上缴社会保险费,改革前不同地区、不同类型、不同行业企业的实际缴费率是多少,改革后企业成本利润会发生什么变化,对企业的经营绩效会产生什么影响以及影响程度如何,仍需要进一步考察。

8.3 双重征缴体制下企业实际缴费率的水平测度

长期以来,由于我国关于社会保险费征缴方面的法律法规未明确规定社会保险费的征收主体,加之我国实行社会保险缴费"统账结合"模式,强调国家、企业和个人三方责任等原因,导致各地先后出现社保和税务两个部门征缴并存的现象。双重征缴体制下,我国存在缴费基数不实、缴费率不一致、征收政策不统一等问题。为了更加准确地衡量双重征缴体制下企业实际的社会保险缴费负担,本案例采用企业实际社保缴费率这一指标来衡量企业负担的社会保险费,该指标的具体计算公式为:

$$企业实际社保缴费率 = \frac{社会保险费}{工资、奖金、津贴和补贴} \times 100\% \quad [2]$$

8.3.1 企业总体的实际社保缴费率水平

表8-1是根据2016年上市公司社会保险费的实际缴纳情况,经过一定的数

---

[1] 中共中央办公厅、国务院办公厅. 国税地税征管体制改革方案[EB/OL]. 中国政府网(2018-07-20)[2021-05-05]. http://www.gov.cn/xinwen/2018-07/20/content_5308075.htm.

[2] 我国上市公司自2007年开始在财务报表附注中披露各项社会保险缴费的具体数据,从而为本案例的测算提供了依据。社会保险费的数据来自国泰安CSMAR数据库,计算口径为五项基本社会保险;工资、奖金、津贴、补贴的数据来源于Wind数据库。

据处理,按照企业实际社保缴费率分布的具体情况,分区段计算而得的结果。从表中可以看出,超七成企业的社会保险实际缴费率在20%以下,远低于全国社保法定缴费率;位于10%~20%水平段的企业数量最多,占比超过全部企业的一半;企业社会保险实际缴费率在30%以上的企业仅占5%左右。

表8-1　　　　　　2016年全国A股上市公司实际社保缴费率水平

企业社会保险缴费率	企业数量（家）	实际社会保险缴费率（%）	企业数量占比（%）
0~10%	600	7.57	20.59
10%~20%	1 528	14.42	52.44
20%~30%	640	24.17	21.96
30%~40%	145	33.88	4.98
总计	2 913	16.40	100

整体来看,在双重征缴体制下,我国企业的实际社保缴费率并不高,与法定缴费率存在一定差距。造成这一差异的原因可能是由于我国的《社会保险法》没有明确规定征收主体,给社会保险的征缴带来了制度上的障碍。在双重征缴体制下,社保部门与税务部门分别执法,不可避免地存在执法力度不一、征管强度不一的问题,从而造成企业实际社保缴费率远低于社保法定缴费率的现象。

8.3.2　不同地区企业的实际社保缴费率水平

长期以来,在社会保险费双重征缴体制下,我国各地区社保费的缴费标准严重不一致,导致各地区企业的社会保险实际缴费率存在着较大差异。从表8-2中可以看出,实际社保缴费率最高的是宁夏,达25.50%;最低的为广东,仅有11.57%。从地区分布来看,辽宁、吉林、黑龙江等东北老工业基地,由于社保历史包袱较重,经济发展速度较慢,政府的财力有限,因此这些地区的企业社会保险费负担较重。天津、北京、上海以及重庆四大直辖市的社保实际缴费率处于全国中间水平,这些地区经济发达,社会保险覆盖面广,但由于人口老龄化程度相对较高,使得企业承担的社会保险缴费压力也较大。而江苏、浙江、广东等沿海发达省份,地方政府财政实力较强,社会保险历史欠账较少,再加上越来越多的外来青年劳动力涌入沿海发达城市务工,使得这些省份的劳动力人口结构相对年轻化,养老保险金给付负担较轻,因此这些地区企业的社会保险实际缴费率较低。

表8-2　　2016年全国各地区 A 股上市公司实际社保缴费率排名

名次	地区	实际缴费率（%）	名次	地区	实际缴费率（%）
1	宁夏	25.50	17	新疆	20.21
2	山西	24.46	18	湖北	19.99
3	辽宁	22.98	19	上海	19.52
4	吉林	22.69	20	山东	19.30
5	黑龙江	22.48	21	重庆	18.39
6	内蒙古	22.23	22	湖南	18.24
7	天津	21.69	23	河南	18.13
8	广西	21.33	24	四川	17.98
9	云南	21.29	25	江西	17.97
10	青海	21.11	26	安徽	16.40
11	海南	21.10	27	江苏	14.39
12	贵州	20.95	28	西藏	13.61
13	甘肃	20.91	29	浙江	12.61
14	北京	20.77	30	福建	11.74
15	河北	20.63	31	广东	11.57
16	陕西	20.31			

图8-1更为直观地对比了全国31个省份的企业实际社保缴费率与全国平均水平以及法定缴费率之间的大小关系。由图可知，全国31个省份企业的实际社保缴费率均位于法定缴费率之下。其中，26个省份（占比84%）位于全国平均水平与法定缴费率之间，而江苏、浙江、广东等地的社保实际缴费率甚至低于全国平均水平。由此可见，我国企业的社保实际缴费率并不高，且与社保法定缴费率存在较大差距。

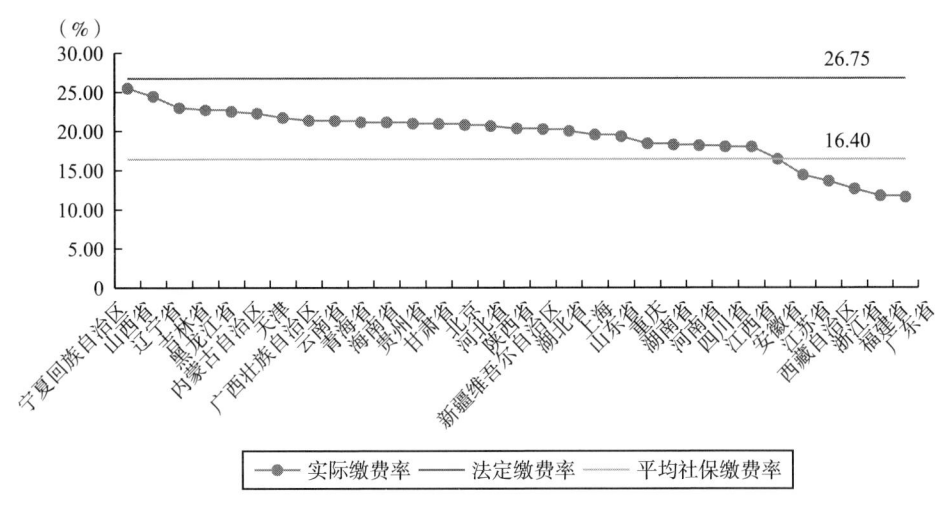

图 8-1 2016 年全国各地区 A 股上市公司实际社保缴费率分布

8.3.3 不同类型企业的实际社保缴费率水平

表 8-3 是不同类型企业实际社保缴费率水平的测算结果。可以看出，国有企业的实际社保缴费率相对较高，实际社保缴费率超过 20%。一般而言，国有企业的社会保险等职工福利相较于其他类型的企业都更为完善，职工社保覆盖率更高，缴纳基数合规性也较高。而占比绝大多数的民营企业由于缴纳基数合规性较差，企业逃缴少缴比例较高，因此该类型企业的实际社保缴费率相对较低，大约在 14%。

表 8-3　2016 年全国各类型 A 股上市公司实际社保缴费率水平

企业性质	企业数量（家）	实际社保缴费率（%）
中央国有企业	314	22.80
地方国有企业	605	21.57
其他企业	34	17.19
民营企业	1 856	13.71
外资企业	87	13.69
集体企业	17	13.29

8.3.4 不同行业企业的实际社保缴费率水平

按照证监会行业分类标准,图 8-2 描述了各行业 A 股上市公司的实际社保缴费率与全国平均水平的对比。

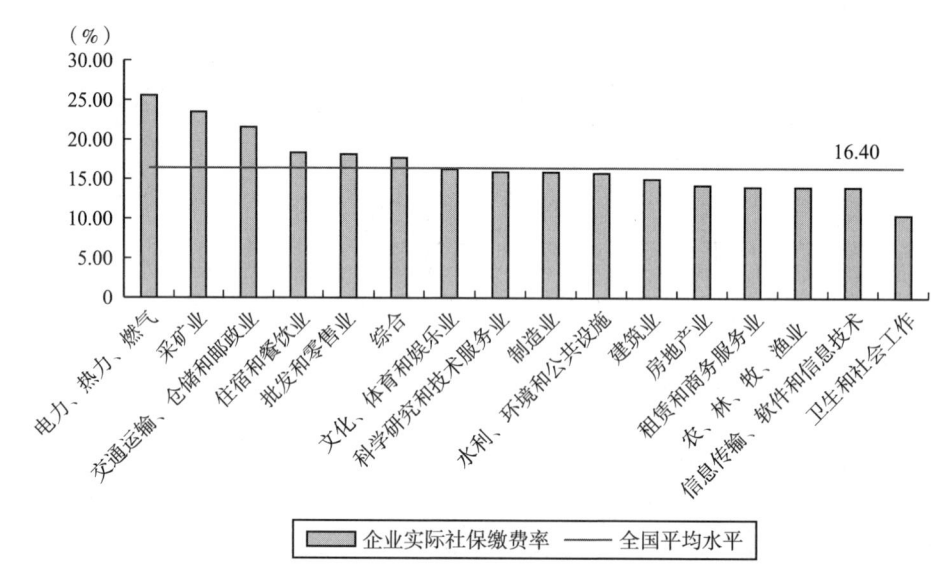

图 8-2 2016 年全国各行业 A 股上市公司实际社保缴费率

从图 8-2 可以看出,社保实际缴费率全行业最高的是电力、热力、燃气及水生产和供应业,高达 25.56%,最为接近我国目前企业负担的法定缴费率。该行业属于自然垄断行业,企业的利润水平与工资水平普遍较高,有能力为职工提供较高比例的社会保险。从这个意义上来看,对于某些实力雄厚的国有企业而言,社会保险费已不再是难以负担的用工成本,而被视为员工福利优厚的表现。

除以上特殊行业外,作为我国第一大行业的制造业(企业数量占比 63.29%),其实际社保缴费率更能代表我国企业整体的实际缴费水平。从数据计算来看,该行业的实际社保缴费率为 15.87%,与全国平均水平大致相同,与社保费法定缴费率相差较大。从行业分析来看,我国企业的实际社保缴费率不高,且与社保法定缴费率存在较大差距的结论再一次得到证实。

从前述测算结果看,我国企业的实际社保缴费率与社保法定缴费率存在较大差距。从制度角度来看,我国社保法定缴费率偏高很大程度上是我国改革开放后社会保险制度转轨的结果,在我国的社会保险资金筹资方式从原来的现收现付制转向部分积累制后,法定缴费率不得不维持在较高水平以消化转轨成本。从现实角度来看,我国人口结构进入老龄化阶段,为了持续确保基本养老金按时足额发放,我国制定了较高的养老保险缴费率。除此之外,社保费双重征缴体制下征收主体不明确、社保缴费基数不实、征管不严、征收效率低等问题也是造成我国法定缴费率偏高的原因。

8.4 税费同征模式对企业绩效影响的测算

双重征缴体制下企业实际缴费率水平的测算结果直观上证实了我国法定缴费率虚高的现象,表明了我国社会保险费双重征缴体制下存在一定的现实问题。为了不断规范与加强社保征管,实现社保资金收支平衡,调整社会保险费征缴模式势在必行。为了进一步准确分析调整社会保险费征缴模式对企业经营绩效的影响,本案例以 2016 年沪深 A 股上市公司的年度财务数据为基础进行了如下测算。

8.4.1 测算设计

1. 测算口径

测算口径见表 8-4。

表 8-4　　　　税费同征模式对企业绩效影响的测算口径统计

项目	测算口径
社保缴费率	企业负担的法定缴费率 26.75%
职工工资	应付职工薪酬项下的明细科目"工资、奖金、津贴和补贴"的"本期增加额"
本期实际缴纳的社会保险费	应付职工薪酬项下的明细科目"社会保险费"的"本期增加额"作为公司本期的实际社保缴纳额
本期应纳社会保险费	社保缴费基数 × 社保缴费率

在计算公司本期应纳的社会保险费时,需要考虑的核心数据有两个,第一个是职工工资水平,即社会保险的缴费基数,第二个是社保缴费率。基于社会保险费征缴模式调整的内涵,将社保费交由税务部门严格征管,意味着坐实缴费基数。因此,在计算企业当期理论上应缴纳的社会保险费时,本案例假定样本企业

严格按照企业职工的实际工资水平与法定缴费率据实缴纳各项社会保险费。

对于社保缴费基数，比照前文使用工资、奖金、津贴和补贴的本期增加额作为企业当期的职工工资总额，据实缴费。此外，考虑到社保缴费基数有上下限的规定，在进行具体测算时，严格比照企业职工实际工资水平与社平工资的大小关系，以此确定最终的缴费基数并据实申报缴纳。社保缴费基数的上下限按照企业所在地上一年度社会平均工资的60%与300%的比例来确定。

2. 测算指标

（1）税费同征后企业社保缴费负担变化。

假设税务机关百分百严格执行征管，现有企业将按照本单位职工实际工资水平作为缴费基数，并以26.75%的法定缴费率进行缴纳社会保险费，那么企业因此而多缴的社会保险费就为本期应纳的社会保险费与本期的实际社保缴纳额之间的差额。具体计算公式如下：

税费同征后企业多缴金额 = 本期应纳的社会保险费 − 本期实际缴纳的社会保险费

（2）税费同征对企业营业成本的影响。

追求利润最大化的企业会严格控制企业营业成本的提升，用工成本作为重要的组成部分之一，使得社会保险缴费负担的增加势必会对企业的营业成本造成压力，从而影响企业的生产效率、企业创新、结构升级等企业经营的诸多方面。本案例选择企业本期实际缴纳的社会保险费与企业营业成本的比值来衡量社保费严征管对企业成本提升带来的压力。该比值较大意味着企业社保缴费在整体营业成本中占据较大比例，社保费的严征管会对该企业的运营能力带来挑战。具体计算公式如下：

$$营业成本提升压力指数 = \frac{企业本期实际缴纳的社会保险费}{营业总成本} \times 100\%$$

（3）税费同征对企业净利润的冲击。

由于社会保险缴费直接构成劳动力成本，劳动力价格提高，因而影响到投资者的利润。但是由于劳动者报酬具有黏性，企业无法在短期内实现对成本的转嫁，所以加重的社会保险缴费负担主要由企业自身承担。此外，按照我国税法规定，由企业负担的社会保险费属于可在企业所得税税前列支的成本，因此，企业可以采用税前扣除的方式将严征管所造成的社会保险缴费负担增加的一部分转移给国家，从而减少因税费同征而导致企业多缴纳的社会保险费金额。因此本案例选择企业实际多缴金额与净利润的比值来衡量社保费严征管对企业净利润的冲击。具体计算公式如下：

$$对企业净利润的冲击 = -\frac{税费同征后企业多缴金额 \times (1-T)}{净利润} \times 100\%①$$

此外，按照税法规定亏损企业不需要缴纳企业所得税，这种情况下，企业负担的社会保险费部分则不存在抵税效应。此时，上述指标的计算公式应变为：

$$对企业净利润的冲击 = \frac{税费同征后企业多缴金额}{净利润} \times 100\%$$

8.4.2 测算结果与分析

1. 税费同征模式对不同地区企业绩效的影响

征缴模式调整前，企业为了降低社保缴费负担，一般以社保缴费基数下限为依据缴纳社会保险费，即以社会平均工资的60%作为社保缴费基数②，按规定比例缴纳各项社会保险费用。税务部门同征同管后，将严格比照企业职工实际工资水平与社平工资的大小关系，以此确定缴费基数并据实申报缴纳。表8-5对比了征缴模式调整前后不同地区企业缴费基数与缴费总额发生的变化。

表8-5　　　　　　2016年各地区缴费基数与缴费总额预计变化

地区	社平工资（元）	缴费基数（元）上限	缴费基数（元）下限	实际工资（元）	多缴金额（亿元）
广东	65 788	39 473	197 364	93 889	399.70
北京	111 390	66 834	334 170	127 311	154.17
浙江	66 668	40 001	200 004	95 652	153.32
上海	109 174	65 504	327 522	123 967	140.75
江苏	66 196	39 718	198 588	93 875	97.67
福建	57 628	34 577	172 884	94 556	73.32
安徽	55 139	33 083	165 417	78 156	45.68
湖北	54 367	32 620	163 101	85 767	36.15
四川	58 915	35 349	176 745	75 140	33.56
湖南	52 357	31 414	157 071	76 155	29.47
河南	45 403	27 242	136 209	70 081	28.81

---

① 企业净利润的数据来自国泰安CSMAR数据库。指标为负数表示多缴金额造成净利润下降的比例。T为企业所得税法定税率。

② 一些地区的最低缴费标准甚至低于60%，例如北京市养老保险缴费基数的最低标准为社平工资的40%。为了便于数据计算，本案例将社保缴费基数的最低标准统一为社平工资的60%。

续表

地区	社平工资（元）	缴费基数（元）上限	缴费基数（元）下限	实际工资（元）	多缴金额（亿元）
山东	57 270	34 362	171 810	76 012	28.55
河北	50 921	30 553	152 763	82 085	22.47
重庆	60 543	36 326	181 629	93 524	16.94
辽宁	52 332	31 399	156 996	79 534	13.65
江西	50 932	30 559	152 796	76 604	13.27
内蒙古	57 135	34 281	171 405	91 507	11.17
天津	80 090	48 054	240 270	80 687	9.74
海南	57 600	34 560	172 800	82 756	8.69
山西	51 803	31 082	155 409	67 520	7.09
云南	52 564	31 538	157 692	86 310	6.37
西藏	97 849	58 709	293 547	115 214	4.70
陕西	54 994	32 996	164 982	81 580	4.35
新疆	60 117	36 070	180 351	95 926	4.31
黑龙江	48 881	29 329	146 643	80 530	4.00
广西	52 982	31 789	158 946	75 362	3.92
吉林	51 558	30 935	154 674	71 279	3.13
甘肃	52 942	31 765	158 826	62 649	2.82
青海	61 090	36 654	183 270	75 370	2.41
宁夏	60 380	36 228	181 140	76 308	1.77
贵州	59 701	35 821	179 103	79 824	0.78

资料来源：社会平均工资由国家统计局公布数据整理所得，实际平均工资为笔者根据样本企业工资总额与员工人数数据计算所得。

在按照各省企业的社平工资和实际工资与缴费率进行模拟测算后，整体来看，社保费的严征管将导致全部样本企业共计多缴纳1 350多亿元的社会保险费，主要原因在于企业一般以缴费基数的下限为标准为职工缴纳各项社会保险，而缴费基数的下限与企业实际工资存在较大差距，社保费的严征管使得企业的缴费基数提高，在缴费率没有下调的情况下，企业的社保缴费负担明显加重。企业社保缴费总额的大幅提高，增加了企业营业成本，压缩了企业利润空间，表8-6详细描述了社会保险费征缴模式的调整对各地区企业成本和利润的影响程度（按照对利润冲击的高低进行排序）。

表 8-6　　社保费征缴模式的调整对 2016 年各省 A 股上市公司的影响　　单位：%

地区	对利润的冲击	成本压力指数	地区	对利润的冲击	成本压力指数
广东	-11.84	14.33	河北	-7.16	10.63
福建	-11.23	14.01	海南	-7.16	12.13
浙江	-10.32	12.57	上海	-7.13	12.36
湖南	-9.09	12.32	宁夏	-6.83	8.76
安徽	-8.96	10.55	山西	-6.69	9.63
江苏	-8.52	12.25	重庆	-6.68	9.65
广西	-8.51	9.91	新疆	-6.57	10.09
江西	-8.38	11.07	青海	-6.14	9.97
湖北	-8.03	11.26	天津	-5.75	10.29
陕西	-7.67	12.96	云南	-5.45	10.33
北京	-7.54	13.95	甘肃	-5.28	11.79
贵州	-7.49	12.55	辽宁	-5.15	9.30
四川	-7.34	11.98	黑龙江	-4.69	8.59
山东	-7.31	9.74	吉林	-4.34	9.02
河南	-7.24	11.24	西藏	-3.70	7.93
内蒙古	-7.23	11.15	全国	-6.31	10.65

由于考虑到企业负担的社会保险费按税法规定可以在企业所得税税前扣除，改革对企业利润的冲击会略低于对成本提升造成的压力。从整体来看，社保费的严征管使得企业营业成本提高 10.65%，对利润的冲击在进行抵税处理后大约为 6.31%。具体而言，原来征管比较宽松、社会平均工资与企业实际工资存在较大差距的地区，将受到更大的冲击，例如广东、福建、江苏、浙江等地，主要集中在沿海发达省份，这些省份因人口净流入而养老负担较轻，加之地方政府为了招商引资导致征管比较宽松，因此社保费严征管将导致成本提升 10% 以上，利润水平下降 12% 左右。相比之下，东北等老工业基地省份受此次改革的影响较小，成本提升压力在 8% 左右，而对企业利润的冲击仅为 5% 左右。

2. 税费同征模式对不同类型企业绩效的影响

从企业性质层面来看，国有企业的社保缴费比较规范，受此次改革影响最小，成本提升压力指数和对利润的冲击均低于全国平均水平，尤其是中央国有企业，根据测算，该类型企业的净利润下降幅度不足 2%。相比之下，民营企业多为中小型企业,财务管理不规范,社会保险缴费承担能力弱,而地方政府为了促进民营经济的发展,通常选择忽视企业少缴、欠缴等行为,导致民营企业受到的改革冲击比较大,企业的用工成本会提升 13.27%,企业的利润水平会下降 11.23%。在不降低法定缴费率且税务机关百分百严格征管的情况下,民营企业的利润水平下降幅度较大,社保费的严征管在一定程度上把国家之前所出台的各类减税降费政策都抵消了。社保费征缴模式的调整对各类型上市公司成本和利润的影响幅度具体如表 8-7 所示。

表 8-7　　　　社保费征缴模式调整对 2016 年各类型 A 股上市公司的影响

企业类型	企业数量(家)	对利润的冲击(%)	成本压力指数(%)
民营企业	1 856	-11.23	13.27
集体企业	17	-8.60	10.66
外资企业	87	-7.54	13.07
地方国有企业	605	-3.82	9.91
中央国有企业	314	-1.46	6.03

此外,从测算结果中可以发现,不同类型企业受到的改革冲击差异较大,民营企业利润水平下降的幅度高达中央国有企业的 10 倍左右。除了企业规模、职工结构、经济实力等原因外,民营企业的社平工资与实际平均工资之间的较大差异所导致的缴费基数不实也是造成该类型企业深受社保费征缴模式调整影响的重要原因。表 8-8 报告了不同类型企业的社平工资与实际平均工资对比、税费同征后企业多缴金额的数据。

表 8-8　　　　　　2016 年各类型企业缴费基数与缴费总额对比

企业类型	社平工资(元)	实际工资(元)	多缴金额(亿元)
国有企业	66 943	101 069	256.81
民营企业	44 343	91 363	819.74
集体企业	40 880	87 281	12.76
外资企业	74 563	94 845	34.03

资料来源:社平工资由国家统计局公布数据整理所得,实际平均工资为笔者根据样本企业工资总额与员工人数数据计算所得。

从表 8-9 可以看出，民营企业的社会平均工资为 44 343 元，实际平均工资为 91 363 元，两者相差近一倍，缴费基数严重不实，社保费的严格征管造成民营企业需要多缴纳的社会保险费高达 800 多亿元，多缴金额为国有企业的 3 倍之多，显著提高了民营企业的劳动力成本，导致企业的利润水平下降 11.23%。

3. 税费同征模式对不同行业企业绩效的影响

图 8-3 及表 8-9 分别从营业成本和净利润两个角度展示了社会保险费征缴模式的调整对各行业上市公司的冲击程度。可以发现，包括住宿餐饮、交通运输、文化体育、租赁等在内的多种现代服务业以及制造业、建筑业等行业所受影响较大，上述行业在营业成本提升和利润冲击两个角度的排名均居于前列。其中，企业占比数量最多的制造业的营业成本会提升 12.01%，行业利润会下降 8.45%，所受影响均高于全国平均水平。造成这一结果的主要原因是，上述行业多为劳动密集型产业，资本有机构成较低，企业总成本中劳动耗费占比较大，即使按照最低标准的社会保险缴费率，也会由于劳动者报酬总额较大而造成社保缴费总额很大，在由税务机关统一征收社保费后，缴费基数的进一步坐实将导致上述行业的缴费负担明显加重。

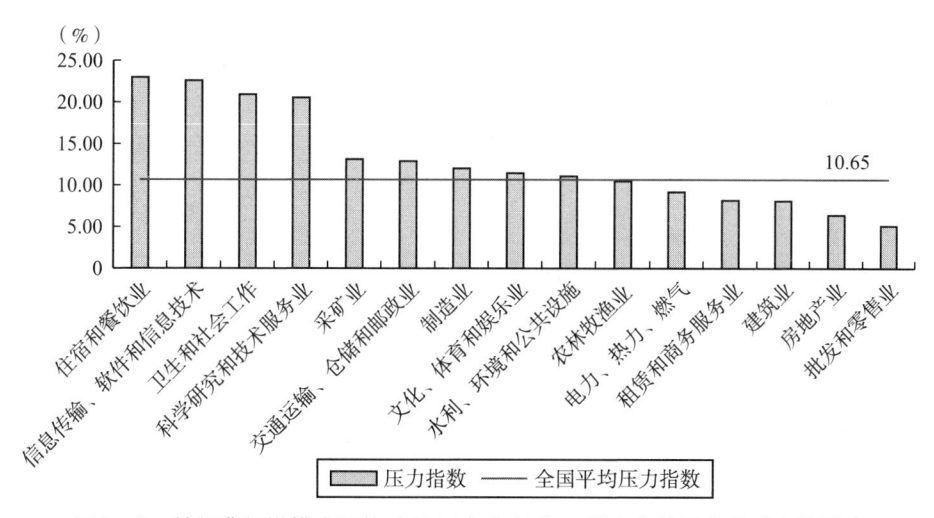

图 8-3 社保费征缴模式调整对 2016 年各行业 A 股上市公司营业成本的影响

表 8-9　　　　　　　　　　利润冲击排名前十行业

排名	行业	对利润的冲击（％）
1	卫生和社会工作	-13.04
2	住宿和餐饮业	-12.48
3	信息传输、软件和信息技术服务业	-10.94
4	批发和零售业	-10.35
5	制造业	-8.45
6	农林牧渔业	-7.69
7	采矿业	-7.32
8	交通运输、仓储和邮政业	-6.76
9	水利、环境和公共设施	-6.68
10	建筑业	-6.05

8.5　小结

通过本案例的测算结果，一方面，在双重征缴体制下企业实际缴费率的水平明显低于法定缴费率；另一方面，社会保险费征缴模式调整给企业的经营绩效带来了一定程度的冲击，社保费的严征管将导致案例中所分析的全部企业共计多缴纳 1 350 多亿元的社会保险费，并显著影响企业的成本与利润水平，将导致企业的营业成本平均提升 10.65％，净利润平均下降 6.31％。加上各地现行的社保费征缴制度不一、征管力度不一，导致广东、福建等东南沿海地区，湖南、安徽等中部地区将受到更大冲击。进一步从企业性质层面来看，民营企业由于社保费征缴合规性较差，税费同征后需要多缴纳的社会保险费高达 800 多亿元，企业的用工成本会提升 13.27％，利润水平会下降 11.23％，所受冲击明显高于全国平均水平。

因此，在社会保险费征缴模式已经调整的宏观政策背景下，我国企业应进一步提高自身适应政策变化的能力，同时税费同征同管与法定缴费率的下调并不意味着我国社会保障制度已经完善，在养老保险全国统筹、社会保险基金保值增值等方面仍需要政府不断进行改革和完善，以完善社会保险费的征管，实现税务机关征缴效率以及企业间缴费负担公平的双赢。

9

镇江特大出口骗税案问题及思考

出口退税政策推出以来，骗税案件不断出现。2018年3月镇江警方破获特大骗税案，一家外贸公司虚开增值税发票，用道具手机出口骗税高达7.6亿元。本案例结合出口退税制度，详细分析出口骗税案例背后的原因。其次，通过借鉴国外经验，为更好地防范出口骗税问题、规范税收秩序、落实减税降费政策，结合互联网技术提出对策思考。

9.1 引言

9.1.1 出口退税制度介绍

出口退税制度是为鼓励各国出口货物公平竞争，对出口货物退还其在国内生产和流通环节实际缴纳的增值税、消费税。我国出口退税主要实行两种办法：一是对外贸企业出口货物实行免税和退税的办法，即对出口货物销售环节免征增值税，对出口货物在前各个生产流通环节已缴纳增值税予以退税；二是对生产企业自营或委托出口的货物实行免、抵、退税办法，对出口货物本道环节免征增值税，对出口货物所采购的原材料、包装物等所含的增值税允许抵减其内销货物的应缴税款，对未抵减完的部分再予以退税。

出口退税的税款实行计划管理。财政部每年在中央财政预算中安排出口退税计划，同国家税务总局分配下达给各省（区、市）执行。不允许超计划退税，当年的计划不得结转下年使用。

9.1.2 现实背景

出口退税是我国为鼓励出口贸易推行的一些优惠政策,出口退税政策一经推出,骗税案件也不断出现。

2018年8月起,税务、公安、海关、人民银行四部门启动打击"假企业"虚开发票和"假出口"骗取退税专项行动,取得了阶段性重要成效。两年来,依法查处涉嫌虚开骗税企业17.63万户,挽回出口退税损失162亿元,初步遏制了虚开骗税猖獗势头。

据了解,国家税务总局、公安部、海关总署、中国人民银行近日联合在北京召开打击虚开发票、骗取退税违法犯罪两年专项行动工作推进会议,总结前期工作,交流各地经验,明确任务要求,部署下步工作。会议强调,下一步要深化"放管服"改革,落实好更大规模减税降费政策,营造良好的营商环境,同时,对深入推进两年专项行动提出了新的更高要求。明确要继续严厉打击没有实际经营业务只为虚开发票的"假企业"和没有实际出口只为骗取退税的"假出口",特别是针对团伙化、职业化犯罪分子,持续开展集中精准强力打击行动,进一步规范税收秩序,让依法经营者充分享受税收改革红利,让违法犯罪分子受到法律严惩。

会议要求,各地税务、公安、海关、人民银行要注重发挥税警关银协同机制作用,充分应用信息化手段,突出大案要案查处,加大联合执法力度,增强打击违法犯罪的威慑力,确保专项行动取得圆满成功。

9.1.3 镇江出口骗税案例介绍①

镇江某企业,短短4年时间,4个团伙的犯罪嫌疑人以出口手机为幌子,开出5 000余份增值税专用发票,价税合计为52亿余元人民币,骗取出口退税额达7.6亿元。江苏警方联合海关、国税等部门,从查下游出口环节货物的真实性和上游虚开环节货物下落两方面入手,逐步从两端往中间挤压,收集固定相关证据。历时一年,终于摸清了犯罪团伙的组织架构和作案手段,查明了犯罪嫌疑人的身份和窝点。专案组根据票流、资金流、货流三者相对应的原则,打开了破案的第一道缺口。

---

① 案例来源:邱海鸿,何志斌,江东波. 镇江特大骗税案:虚开税出口骗税7.6亿 [EB/OL]. (2019-09-27). 中国税网. http://www.ctaxnews.com.cn/2019-09/27/content_955349.html.

警方经过缜密侦查，发现 52 岁的香港居民洪某是这个团伙的核心人物。洪某只有小学文化，与其他 3 个团伙保持着密切的联系，虚开发票、海关报关、申请退税均由其他人员负责，每道工序完成后向洪某反馈，由他负责每道工序之间的流转，而 3 个团伙之间没有联系。

其中，广东惠州人潘某受洪某指挥，在明知没有实际购销业务的情况下，将本该开至深圳某公司的进项增值税专用发票，采取票货分离的方式，虚开发票从中获取好处费。

福建漳浦人黄某，负责第二道工序。在取得洪某交付的发票后，他负责组织道具手机等假货，向海关报关，从而完成所谓的产品"出口"。他的工作结束后，扣除相关成本费用，将报关单等资料交给指挥人洪某。

最后是广东深圳人周某，他负责申请退税。周某在镇江和丹阳经营着 4 家外贸公司，在接受洪某给的相关资料和票据后，在没有实际出品业务的情况下，与洪某实际控制的多家香港空壳公司签订虚假的出口合同，为洪某完成骗取出口退税"助最后一把力"。

9.2 出口骗税原因分析

9.2.1 高额利益刺激骗退税案频发

出口退税是指对出口商品已征收的国内税部分或全部退还给出口商的一种措施，这也是国际惯例。2008 年以来，国家连续多次调高出口退税率，目前出口货物的平均退税率已达 13% 左右，近年每年全国出口退税达 1 万亿元人民币。高额的退税和巨大的利益成为骗税分子铤而走险的根本诱因。此外，一些省份还对出口创汇采取奖励、财政补贴、银行贷款等鼓励性措施，也在一定程度上刺激了虚假出口贸易的发生，进而带来了骗税问题的发生。

9.2.2 目前增值税税制及出口货物税收管理方面存在不足

我国现行有关增值税即征即退、先征后退、先征后返、超税负返还等优惠政策，以及农产品加工企业采用自开自抵收购凭证的增值税抵扣办法，造成增值税专用发票链条的不完整；一般纳税人销售给个人、小规模纳税人的货物不开具增值税专用发票，造成进项税额大量沉淀，存在虚开发票的空间；而目前外贸企业出口货物实行"先征后退"的管理办法，无形中造成了出口货物的征、退税脱节,即出口货物的征税管理与退税管理由不同地区的税务部门管理,无法实现出口货物征、退税的密切衔接和有效监管。

9.2.3 出口货物的监管"缺位"

出口货物的监管涉及海关、外汇管理、税务等多个部门,但各部门监管彼此之间缺乏有效的衔接和配合,为骗税分子利用这些监管"缝隙"实施骗税提供了可乘之机。如:海关对出口货物不可能批批查验,骗税分子便钻空子采取"以次充好、以少报多、低价高报、空箱闯关"等手段套取单证真实、内容虚假的出口货物报关单,而税务机关只能在事后就单审单,无法核实出口贸易的真实性。

9.2.4 打击力度缺乏

由于现行税收征管法等法律法规对骗税行为缺乏具体界定。只有《中华人民共和国税收征收管理法》第六十六条"以假报出口或者其他欺骗手段,骗取国家出口退税款,由税务机关追缴其骗取的退税款,并处骗取税款一倍以上五倍以下的罚款;构成犯罪的,依法追究刑事责任"的规定,对于骗税的定性标准不够清楚明晰,给各地稽查部门查处骗税案件带来很多困惑。加之税务机关执法权限和手段有限,在查处骗税案件中取证、定性难度较大,容易造成不法分子潜逃、证据灭失、赃款转移等问题。骗税问题难以得到及时有力查处,使得不法分子有恃无恐、骗税活动愈发猖獗。

9.3 防范出口骗税的国外经验

世界各国在出口退税方面的做法有很大差异,防范出口骗税的策略也不尽相同,本案例聚焦几个比较有代表性的国家,看其在防范出口骗税方面的经验。

9.3.1 法国

法国是第一个实行出口退税的国家,管理出口骗税的经验丰富。

它不单依靠工商税务部门,而是将税务、海关与政府多个部门通过两套计算机系统联合。其中 REBECCA 系统专门用于增值税的退税申请,使税务、海关与政府及有关部门之间能无偿、及时地共享有关信息。在征管体系上,为避免骗取退税,法国不仅实现了征退一体化管理,而且对税务机关的退税申请审核程序有一系列规定。首次申请退税的企业提出退税申请时,需提供发票复印件,税务局将退税申请录入 MEDOC 系统，根据系统记录了解企业的情况，并根据系统显示的风险分析表决定对企业采用短程序还是长程序。对多次申请退税的企业，法国有着严格的审查程序，包括审查企业前 3 个月的增值税申报表复印件和银行账号等。在惩罚力度上，法国对出口骗税的处罚非常严格。法国实行退税后随机检查制，一旦查到有企业违反税法的行为，会加倍罚款，并追溯企业 10 年以前的涉税记录，违法行为列入企业信用档案，情节严重的还将追究责任人的刑事责任。

9.3.2 意大利

意大利对进出口货物的税收管理是以现代化的信息网络为支撑的信息监管系统。

意大利财政部信息中心在全国建立了网络，实现了与财政部所属各部门计算机、各大区计算机中心以及海关、财政警察、银行等部门计算机的联网，甚至将欧共体各国（地区）的计算机纳入其中。意大利海关可通过网络系统随时了解各企业进出口货物出各国如何防范出口骗税入境及其相关信息，据此进行征退税审核管理。为防止出口骗税，在意大利凡申请退税的出口企业，一律要经过严格检查，最长核查时间可达 5 年。意大利对进出口货物的检查机构有 3 个：税务检查中心、财政警察和海关。税务检查中心由专家组成，主要职责是对纳税人进行检查、研究问题，并针对发现的问题向财政部提出改进意见。财政警察主要职责是检查一切经济领域内的犯罪行为，包括税收领域。海关的主要职责是在所有进出口岸验单验货。3 个机构各司其职，又互相协作和监督。意大利对查出的偷税、骗税者，一般要处 2~6 倍的罚款，并加收滞纳金，对严重的偷税、骗税还要判刑。纳税人应在 60 天内补缴查补税款，否则，税务部门可没收其财产拍卖。

9.3.3 瑞士

瑞士联邦税务局有权随时检查纳税人的纳税情况，对出口退税进行核查。税务稽查员的职责是对纳税人进行检查，对税收中的问题进行研究，并据此向联邦财政部和税务局提出改进意见。这些税务稽查员都受过全面的会计专业培训，一方面检查企业的财务文件和自我申报的情况，另一方面也帮助企业改进财税管理。瑞士对进出口货物的税收管理建立在以现代化信息网络为支撑的严密信息监管之上。瑞士联邦财政部税务局在全国形成一个系统网络，海关对进出口货物的监管信息可通过网络随时传送给财政部和税务局。瑞士联邦税务局一般是先办退税后检查，一旦检查发现有企业存在骗税行为，会加倍罚款，并追溯 10 年彻底检查，情节严重的，对有关人员追究刑事责任。

9.3.4 希腊

希腊的出口退税主要有以下几种情况：

第一类：不征不退方式。具体程序是：出口商在购买供应商产品的最后环节时，先填写好由国民经济和财政部统一印制的免缴增值税出口申请书，与供应商协商一致后，向税务部门提交，经批准同意后，该产品在最后环节以不含增值税的价格由供应商卖给出口商出口，因此也不需要退增值税。这种方式在希腊出口退税环节中占较大比例。

第二类：先征后退方式。具体程序是：出口商缴纳增值税后再出口，然后凭海关签章的出口报关单（三联式发票，其中第二联退回企业），到所在地税务部门申请退税。如果内销环节出现增值税倒挂现象，则可以申请退回该差额的增值税。例如在最后环节某供应商购买用于生产报纸杂志原材料木浆时增值税率为18%，而制成品报纸杂志的增值税率仅为4%，这样就出现增值税倒挂现象，则该商人可以申请退回14%的差额。

第三类："抵"增值税方式。如为生产出口货物的进项税额可抵顶内销货物应缴增值税，不足抵顶部分，再予以退税。出口退税因出口方式的不同而有所区别。

希腊的出口方式有三种：买断出口、出口代理或生产企业直接出口。这三种情况的退税情况分别为：

第一种：出口商自行买断出口。这种方式在希腊较为普遍。如该企业上年无出口退税方面的劣迹记录，则该企业可以申请不征不退方式。生产商为便于产品出口，一般都同意以这种方式把商品出售给出口商。

第二种：出口商代理出口。如出口商代理厂家出口，该出口商不需缴纳增值税，但是被代理厂家在购买原材料时被要求缴纳增值税。出口完成后，厂家须到所在地税务部门申请退回该增值税。申请退税的执行者可为出口代理商或者被代理厂家。

第三种：生产商直接出口。为了降低成本增加利润，拥有外贸经验的生产商直接出口，在希腊已成为一种趋势。生产商在购买原材料时可与原料供应商协商，填写免缴原材料增值税申请书出口；或者先缴纳原材料增值税后，再申请退税。

以上三种方式具有两个前提条件：①出口申请免缴的增值税是最后环节的增

值税；②申请免缴增值税有最高限额。申请部分的出口额以上年出口总额为上限。如某企业 2002 年的出口金额为 500 万欧元，且该企业 2002 年没有骗税等不良记录，2003 年可以申请不含增值税出口的金额就是 500 万欧元。超额部分应先缴纳增值税，再申请退回。一般来说，在出口商提出申请后一个月时间内，该企业就可以获得退税款。

在这么短时间内如何有效防止出口商和生产商利用假出口进行骗税呢？希腊政府为此建立了一套实际有效的措施，包括各种法律规章以及成立专门负责监督管理的机构。同时国民经济和财政部有关税务管理总司与海关通力合作，共同防止假出口，打击骗税。主要的措施包括：成立金融犯罪稽查机构，负责对全希腊的税务机构和企业进行监管核查；定期稽核。全国各级税务部门、海关内部建立电子联网系统。出口退税所需的全部凭证，报关单、收汇核销单、缴税专用税票等均可以通过电子网络稽查。在国民经济和财政部建立企业财务信息库，并将信息库储存的信息与稽查部门联网，实现在线稽查和随时稽查。稽核内容包括所有原料采购及制成品产出比例记录、进货单、进出口核销单、免缴增值税申请书、银行支票及信用执行情况、提货单等，尤以年营业额在 600 万欧元以上的企业作为重点检查对象。不定期抽查。如出现有人告发或检举揭发或某公司经常性申请免缴增值税等情况，税务部门则会对该企业进行核查。如某企业税务方面有可疑之处，主要通过地方税务局查处，中央税务部门一般不插手地方事务。但是中央财政分布在全国 6 大区的 6 个直辖查税中心及 57 个地方税务稽查处则有权查处所在地出口商偷税漏税以及税务机关徇私舞弊等情况。十字交叉查税：所谓十字交叉查税，就是先查出口商货物收购发票金额与数量，然后再查对应的供货商是否有发票存根，数量和金额等与出口商发票是否完全一致；出口报关单的批次、数量和重量等是否与收汇核销单上的一致；申请退税与缴税专用税票记录是否一致等。如果某企业偷漏税事实成立，将被处以重罚。涉及增值税方面的具体处罚方式是：若某企业一年内偷漏税额逾 3 000 欧元，法庭将判处责任人 1 年监禁；如某企业一年内偷漏税额逾 73 500 欧元，法庭将判处责任人 10 年监禁。虽然希腊税务措施较为完善，处罚力度也极为严厉，但退税方面还是暴露出了一些问题。如 2001 年曾在希腊北部查出的涉及金额高达 5 869 万欧元的出口骗税案已经引起希腊政府的高度警觉。

9.3.5 智利、阿根廷

出口退税范围比较广泛，包括所有的出口产品和服务。出口产品系指报关离境的产品，出口服务系指提供给非本国居民或外国企业并在境外消费的服务，如出口设计软件等。对出口产品和服务，不仅要退还其所耗用原材料、零部件所纳的税款，而且要退还其包含的固定资产价值部分所纳税款。对退税人没有条件限制。本国纳税人只要发生出口贸易行为就给予退税。计算出口退税的税率与征税的税率是一致的。智利的增值税税率为18%，特别消费税分别不同产品运用2.5%～20%税率，共八个档次。阿根廷增值税的基本税率为18%，电力、天然气的税率为27%，其他国内间接税因各州自行制定征税税率，其退税率由税务总局按不同产品分别核定退税率。两国关税税率为0%～20%。企业在产品和服务出口后，凭进货发票和报关出口单证向税务局和海关申请退税。

智利除上述规定外，还有两项特殊规定：一是要求企业提供银行结汇单证（允许退税后180天提供）；二是特许提前退税，主要是对某些投资额大、投资回收期长的企业。设立专门的出口退税机构。智利、阿根廷上至税务总局，下至省、区及税务办事处都设立了专门的退税管理机构。出口退税实行预算管理。两国对出口退税在财政上都单设预算科目，但是约束力不强。智利、阿根廷的出口退税制包括三方面的内容：一是增值税的退还，二是其他国内间接税的退还，三是进口关税的退还。两国基本上都是实行"先征后退"的办法。增值税的退还办法主要有两种：一是生产商为生产出口产品而购进原材料、零部件时，原材料、零部件必须先纳税，待产品出口后，对其出口产品所含应退的原材料、零部件已纳税款先在生产商内销产品的应纳税款中抵扣，不足抵扣部分予以退还；二是对贸易商为出口而收购的产品，在收购时也必须先纳税，在产品出口后再按其进货发票所列已纳税款直接计算退还。其他国内间接税的退税，如果是生产商出口产品，可直接在生产环节免征。如果是贸易商出口产品，则也应在收购环节先纳税，产品出口后再退税。进口关税分退税和保税两种方法：一是退税办法，即是对企业进口的原材料、零部件先照章征收进口关税，加工成品出口后，海关按有关部门核准的出口产品中所含进口原材料、零部件的比例和原纳税单证计算退还关税；二是保税办法，即企业进口原材料、零部件在海关办理登记，可先不纳关税，海关予以保税放行后，企业在180天内加工成品出口，海关根据有关部门核准的出口产品中所含进口原材料、零部件的比例计算核销其保税数量。逾期不核销的，将予以严厉处罚。

9.3.6 马来西亚

生产商直接出口自产产品，免征销售税和货物税。生产商申报免税一年办理一次，需由财政部部长审批，有效期一年。生产商办理免税出口时，需要向海关填报专门的免税表格，并提供出口销售发票和出口报关单。马来西亚鼓励生产商自营出口，但近几年来专门的出口商有增加的趋势。出口商主要是通过免税购买的方式出口，但事先需逐笔报批。具体的办理程序是：出口商先向海关提交免税申请，并填报专门的免税表格；经海关批准后，出口商获得许可免税购货的证明文件；出口商凭海关出具的免税证明即可向生产商免税购进货物；出口商将货物出口后，填写一个专门的表格返回海关。如果出口商从中间商购买货物出口，则不予免税，而由出口商向海关申请办理退税。

9.3.7 韩国

出口企业申报出口退税一年办理两次，每半年又分为预定申报和确定申报。确定申报时可以对预定申报中有错误或遗漏的予以更正。企业办理出口退税，需要向期限所在地税务局填报税金汇总表，并提供税金计算书（相当于增值税专用发票）和出口免状书（即出口报关单）。一般企业采取计算机申报，小型企业仍采用手工填报方式。对进料加工复出口产品与使用国产原料生产的产品一样，采取先交税后退还的做法。

9.3.8 西班牙

西班牙出口货物退（免）税的主要内容与法国基本相同，不同之处是其在国家年度财政预算中对出口退税单列指标，但在实际执行中，不向各地方分配退税指标。出口退（免）的税种是增值税、关税。西班牙规定了出口商申报出口退税的资格条件，即年出口额在2 000万比塞塔（折合15万美元）以上的出口商方可申报办理退税。对出口商，可以每月向当地税务代表处办理一次退税申请；对非专业出口商，则每年向当地税务代表处办理一次退税申请。企业办理退税时，需要填写固定格式的申报表，申报表的主要内容有：当期销售给国内、欧共体其他国家、欧共体以外国家的货物价格及销项税额，当期发生与上期结转的进项税额，抵扣计算后的应纳、退税额等，当时不必提供其他凭证。

9.4 防范出口骗税的对策思考

防范和打击出口骗税违法活动必须抓住问题要害，从根源入手，运用"互联网+"思维，打造统一的信息化综合管理应用平台，利用大数据，打防并举、多管齐下，综合施策、标本兼治。

深入剖析近些年查处的出口骗税案件，无论不法分子如何变换作案手法、花样怎样翻新，都存在一些规律性的现象。

概括起来主要有四条。一是作案动机是为了获取非法利益，斩断不法分子骗税利益链条是有效防范出口骗税违法行为的治本之举。二是骗取出口退税必须取得上游供货企业虚开的增值税专用发票或其他可用于申报办理出口退税的抵扣凭证。若取得的发票已足额征税，不法分子用来申报出口退税就无法捞取经济上的好处。因为不管是生产型出口企业还是外贸企业，因出口环节实行零税率，其申报的退税额实际上就是其进项税额。若取得的进项发票都已按规定足额纳税，不法分子就难以骗税获利。三是骗税企业与上游虚开企业不管中间经过多少个"洗票"环节，虚开企业最终都要将骗税企业所谓的购货资金在扣除开票手续费后通过多个企业或个人银行账户回流到骗税企业（或关联个人）。若虚开企业不将余款直接或间接回流给骗税企业（个人），骗税分子就会得不偿失。因此，购货资金回流是出口骗税和发票虚开的必然现象。四是不法分子利用他人出口货物报关的目的是为了套取海关签发的报关单及电子信息。海关签发的报关单及电子信息是出口企业申报办理出口退税必备的合法凭证和资料之一。目前有真实出口业务的企业大多委托货运代理公司和报关行代为订仓、报关，骗税分子在订仓或报关环节与不法货运代理公司、报关行相互串通，弄虚作假。在订仓时，不法货运代理公司用骗税企业的名义向货物承运公司订仓，以便取得承运公司出具的出口货主是骗税企业的货物提单；在报关时，不法报关行则以骗税企业名义报关出口，套取海关签发的出口报关单及电子信息。由于在订仓或报关时出口企业的信息完全凭货运代理公司和报关行提供，海关等监管部门无法从源头掌控真实的出口企业信息，难以发现骗税分子利用他人出口货物报关的不法行为，因而尚无法解决骗税分子套取海关报关单及电子信息并造假出口货物提单的问题。

由此可见，出口骗税问题的要害在于发票可虚开或报关单可套取。发票可虚开的根源在于有利可图，而之所以能够获利则在于对开票资金的监管不严密；报关单可套取的根源在于海关不能掌控出口货物的真正货主信息。虽然报关单可套取是骗税分子骗取出口退税的必备条件，但若发票不能虚开，或者说骗税分子不能取得虚开的增值税专用发票，骗税分子最终也难以骗取出口退税。从这个意义上说，有效防范出口骗税违法行为，关键在于防止发票虚开。为此，必须运用"互联网+"思维，搭建统一的信息管理应用平台，从根治虚开增值税专用发票入手，通过严密监控开票资金运动，防止资金回流，斩断利益链条。

9.4.1 修改完善现行出口骗税法律条文，为防范和打击骗税违法行为提供更有利的法律支撑

将现行法律对出口骗税的定义修改为"出口企业和个人以虚假资料等欺诈手段向税务机关申报出口退税款的行为"。只要出口企业和个人以虚假资料等欺诈手段向税务机关申报出口退税，即是实施了骗取出口退税行为。如果退税款退到了出口企业，则骗取出口退税既遂。如果税务机关审核时发现出口企业虚假欺诈而中止办理退税，则可认为骗取出口退税未遂。无论出口骗税企业是既遂还是未遂，在定性上都须认定为骗取出口退税行为，只不过两者在行政和司法上的处理有所区别而已。如已遂，除了行政上按规定进行处罚外，还要依法追究刑事责任；未遂则除了不得退税并处以罚款外，还要取消其一定期限的出口退税权。

9.4.2 建立发票开具与涉税银行账户内在关联机制

在增值税专用发票和普通发票票面上，分别设置购销双方涉税银行账号栏目，税务机关提前将该账号写入增值税开票系统，销货企业在开具增值税专用发票或普通发票时，系统自动将其在银行开立的唯一固定的涉税银行账号填入发票对应的栏目内。同时，供货企业在开具发票时，购货企业必须向供货企业提供其唯一固定的涉税银行账号，供货企业将该账号输入开票系统后会自动生成密文。购货企业在按规定申报抵扣进项税额时，系统将其申报信息与其在税收征管信息系统的唯一固定的涉税银行账号自动比对，两者一致则给予抵扣，否则不得抵扣进项税额，以确保购销双方在开具发票时写入票面上的银行账号为在税务机关备案的唯一固定的涉税银行账号。

9.4.3 强化购销货物（服务）开票资金监控管理

立法规定凡开具和索取增值税（专用）发票，购销双方都必须通过其在银行开设的唯一固定涉税资金账户结算涉税购销资金，否则，购方不得按规定抵扣进项税额，销方不得再开具增值税（专用）发票。为确保购销双方按规定将资金纳入各自唯一固定的银行账户，企业所在地税务机关与其所在地开户银行之间应建立涉税资金信息管理系统，税务机关通过该系统可查询销货方开票所涉及的购货方支付的资金是否已足额进入其账户（企业申请注销时必须比对其经营期内开票金额与其涉税银行账户转入的资金合计数是否相匹配），开户银行也可通过信息系统定期或不定期自动将开票企业该账户的资金流水额反馈给税务机关，从而在

企业开具发票—涉税银行账户—购销开票资金三者之间建立起内在的监控约束机制，并为构建开票资金流向追踪核查信息系统打下坚实基础，防止不法分子大肆利用多个银行账户频繁转移资金进行涉税违法活动或逃避纳税义务。

9.4.4 中央层面建立跨部门的防范和打击包括出口骗税在内的重大涉税违法行为的统一信息管理系统

首先，构建覆盖税务总局、海关总署、人民银行反洗钱中心、国家外汇管理局和公安部等相关部门的统一信息管理系统，按职责分工设计各部门的功能模块。通过统一信息管理系统实现部门之间的信息共享。其次，统一信息管理系统与各部门自有信息管理系统对接，对统一信息管理系统中需要本部门处理的预警信息或重要线索，自有信息系统自动接收读入，待本部门处理后自动将结果通过统一信息管理系统反馈到相关部门。

9.4.5 设立专门的涉税金融违法犯罪行为调查机构

该机构具体负责对涉税违法犯罪活动的银行资金运动情况开展调查，为行政执法部门和司法机关打击涉税违法犯罪行为提供有力证据。调查部门以出口企业法定唯一固定的涉税银行账户（银行在企业开户时就凭税务机关出具的出口企业退税资质在系统内设立标识，方便反洗钱的部门监管出口企业资金信息）为起点，顺藤摸瓜，摸清所有与之发生直接或间接资金转移的银行账户，并将所有账户与增值税一般纳税人法定涉税银行账户数据库比对，凡属非法定涉税银行账户，即存在开票资金的体外循环。

9.4.6 建立涉税银行账户开票资金体外循环情况跟踪核查机制

出口供货企业销货的开票资金必须通过法定的唯一固定涉税银行账户进行结算，其购买原材料或机器设备等生产资料，也必须通过该账户支付货款。因此，凡是开具发票的购销活动，其资金都必须通过唯一固定的涉税银行账户结算，也就是说，企业之间通过彼此唯一固定涉税银行账户结算资金的，税务机关和反洗钱机构可不重点关注核查其信息。一旦该账户的大额资金转入其他银行账户，反洗钱机构应启动核查机制，追踪调查资金的运动是否正常，防止虚开企业通过其他账户将资金回流给出口企业或其关联企业及个人账户。核查后发现企业开票资金回流的，应及时将相关信息提供给税务部门处理。企业开票资金转入其他银行账户无非有几种情形：缴纳税款、支付薪金、对外投资、归还借款、收益分配、慈善捐赠。对这几种情形，都可按税法规定分别处理。一般地，除公益捐赠可依税法规定作一定的扣除外，其他应税收入都要按规定课征企业所得税或个人所得税。企业所得税或个人所得税的税率要比增值税税率或出口产品退税率高出很多，若依此缴税，不法分子缴纳的企业所得税或个人所得税要比虚开发票骗取出口退税获得的好处大许多。税务机关若能严密监控这部分资金体外循环情况，并能根据上述情形依法足额征税，就可遏制不法分子利用银行账户频繁转账回流资金进而虚开骗税的不法行为。

9.4.7 对涉税银行账户开票资金转出情况分类进行税务处理

对企业涉税银行账户的资金向其他企业非涉税银行账户或个人账户转移的，在信息管理系统预警后，反洗钱部门和税务机关应展开跟踪调查，并视不同情况进行税务处理。如属投资，税务机关应建立台账，待企业或个人取得投资收益时依法征收企业所得税或个人所得税；如属归还企业或个人借款（不包括银行贷款），应通知借出方税务机关对其收益依法征税；如属捐赠，在企业出具合法凭证后按税法规定处理；如涉嫌洗钱，则按法律规定查处。总之，应严密监控企业涉税银行账户资金的运动，防止不正当的体外循环，堵塞税收征管漏洞，让从事涉税违法行为的不法分子无利可图。

参考文献

[1] 蔡昌,单滢羽,李蓓蕾.星巴克国际避税模式探究[J].新理财,2017(4):68-71.

[2] 蔡德发,康宇虹,王曙光.从税务稽查博弈均衡角度谈阻止逃税的有效措施[J].税务研究,1998(11):62-64.

[3] 蔡军.在税收博弈中构建和谐征纳关系[J].财政研究,2007(11):50-53.

[4] 陈瑜,侯海玲,韩华龙.中国专业市场发展模式、问题及出路分析[J].商业研究,2007(1):52.

[5] 程永昌.我国税收效率问题研究[J].财贸经济,1995(3):32-34.

[6] 董晓岩.税收征管效率研究综述与内涵辨析[J].税务与经济,2010(6):79-85.

[7] 冯立增.BEPS行动计划防止税收协定优惠的不当授予[J].国际税收,2014(10):24-26.

[8] 各国如何防范出口骗税[J].中国防伪报道,2018(5):30-33.

[9] 郭烈民.提高我国税收征管效率的思考[J].税务研究,1999(6):69-72.

[10] 郭楠.垂直管理体制下税务部门与地方政府关系的研究[D].西北大学,2010.

[11] 胡荣桂.浅论税收征管效率[J].税务研究,2000(5):58-62.

[12] 黄彩琴.税基侵蚀和利润转移(BEPS)行动计划对我国税务师行业的挑战与机遇[J].注册税务师,2015(12):51-53.

[13] 黄玉峰.专业市场税收征管中存在的问题与对策[N].中国审计报,2014-03-03(2).

[14] 黄正逊,汪巍,许志勇.专业市场地方税收征管存在的问题与对策[J].审计与理财,2013(6):49-50.

[15] 匡小平, 杨得前. 征管效率提高对税收增收贡献率的测算与分析: 1994—2005 年 [J]. 光华财税年刊, 2007: 33.

[16] 李传志. 税收征管博弈与激励机制研究 [D]. 华侨大学, 2009.

[17] 李大明. 地方税收立法权的研究 [J]. 税务研究, 1998 (8): 32-35.

[18] 李嘉明, 闫彦彦. 税收征管效率研究述评 [J]. 重庆大学学报社会科学版, 2014, 20 (2): 39-45.

[19] 李娜. 预约定价协议是否还是跨国公司的避风港？——评欧盟裁定菲亚特和星巴克的预约定价协议违法案例 [J]. 国际税收, 2016 (1): 34-38.

[20] 李荣百, 蒲阳, 王东. 我国专业市场升级动力探究 [J]. 当代经济, 2006 (7X): 20-21.

[21] 李微. 国际避税与反避税——苹果公司避税案启示 [D]. 首都经济贸易大学, 2013.

[22] 林高星. 中国税收征管战略研究 [M]. 厦门: 厦门大学出版社, 2005.

[23] 林民书. 专业市场演变与中小企业发展研究 [J]. 当代经济管理, 2006, 28 (3): 5-10.

[24] 刘军. 信息不对称理论与税收征管改革 [J]. 涉外税务, 1997 (10): 46-48.

[25] 刘克勇, 刘晓光. 国有企业改制中的五个税收管理问题 [J]. 税务研究, 2007 (12): 87.

[26] 刘乃全. 专业市场三十年演进历程的全景鸟瞰——评《专业市场: 地方型市场的演进》[J]. 经济研究导刊, 2011 (11): 291-292.

[27] 刘少梅, 李琦. 浅谈企业改制中的税收问题及解决办法 [C]. 改革与探索——吉林省税务科研优秀论文集, 2001.

[28] 刘艳, 原铁忠, 金慧青. 税收流失的经济博弈分析 [J]. 税收与企业, 2003 (5): 9-12.

[29] 刘以安, 陈海明. 委托代理理论与我国国有企业代理机制述评 [J]. 江海学刊, 2003 (3): 194-198.

[30] 陆立军, 于斌斌. 论电子商务与专业市场的转型, 提升——基于义乌小商品市场的实地调查与问卷分析 [J]. 情报杂志, 2009 (7): 33-38.

[31] 吕伟. 从美国税法和苹果公司避税案看 BEPS [J]. 产业与科技论坛, 2015, 14 (16): 34-36.

[32] 罗卫东. 专业市场的前景不容乐观 [J]. 浙江社会科学, 1996 (5): 26-28.

[33] 马斌, 徐越倩. 论专业市场与电子商务的互动发展——以浙江省为例 [J]. 商业经济与管理, 2005 (3): 15-19.

[34] 马淑英. 试析国企改制中的税收问题及对策 [J]. 长春大学学报, 1999 (3): 35-37.

[35] 那力, 臧韬. 税收博弈论 [J]. 税务与经济, 2008 (1): 53-58.

[36] 孙家贤. 社会主义市场经济探索: 浙江专业市场现象剖析 [M]. 浙江人民出版社, 1992.

[37] 孙亚. 非对称信息激励理论与优化税收征管 [J]. 税务研究, 2000 (6): 59-62.

[38] 汪康. 安徽省专业市场税收征管情况的调查报告 [J]. 税务研究, 2002 (6): 40-43.

[39] 汪颖玲. 旅游城市旅游税收贡献率分析——以黄山市为例 [J]. 重庆科技学院学报: 社会科学版, 2011 (19): 63-65.

[40] 汪中代. 税收征管模式比较研究 [D]. 东北财经大学, 2005.

[41] 王国武. 税基侵蚀和利润转移行动计划回头看 [J]. 国际税收, 2016 (3): 50-51.

[42] 王海生. 专业市场税收征管难在哪里 [J]. 税收与企业, 2002 (7): 29-29.

[43] 王佳. 我国个体工商户税收征管问题研究 [D]. 厦门大学, 2014.

[44] 王明明, 康忠贵. 进一步完善我国税收征管模式的研究 [J]. 税务研究, 2010 (1): 86-88.

[45] 王乔, 席卫群, 汪柱旺, 等. 中国流通业税收贡献的实证分析 [J]. 经济评论, 2011 (1): 105-115.

[46] 王如燕. 基于信息不对称的征税人与纳税人的博弈分析 [J]. 中国管理信息化, 2007, 10 (8): 78-80.

[47] 王向东, 王文汇, 王再堂, 等. 大数据时代下我国税收征管模式转型的机遇与挑战 [J]. 当代经济研究, 2014 (8): 92-96.

[48] 王杨. 跨国公司国际避税问题研究 [D]. 吉林财经大学, 2017.

[49] 解宏, 刘红艺. 税收管理中的信息不对称分析 [J]. 财贸经济, 2002 (3): 33-36.

[50] 席卫群. 我国三次产业税收贡献态势及政策调整 [J]. 当代财经, 2015 (9): 35-44.

[51] 延峰, 陆京娜. 非法国家援助——由星巴克避税安排引发的法律诉讼 [J]. 国际税收, 2016 (1): 38-43.

[52] 杨得前. 信息不对称、激励与税收征管 [J]. 税务与经济, 2007 (2): 71-75.

[53] 易明翔. 基于BEPS行动计划的反避税研究 [D]. 南昌: 华东交通大学, 2017.

[54] 应亚珍, 陈洪仕. 税收征管效率影响因素评析 [J]. 税务研究, 2004 (11): 73-74.

[55] 于颖哲. 新常态下提高吉林省经济对税收贡献率的思考 [J]. 税收经济研究, 2015, 20 (2): 82-87.

[56] 詹晴. 汉正街市场税收管理调研报告 [D]. 华中师范大学, 2011.

[57] 张须安, 李昊天. 浅议税收征管的效率问题 [J]. 财金贸易, 1997 (7): 30-31.

[58] 张雪, 王怡, 郭瑾, 等. 基于营改增视角下城市旅游税收贡献率分析——以商洛市为例 [J]. 会计师, 2016 (7): 76-77.

[59] 赵国华. 国有企业改制涉税问题探讨及其风险防控 [J]. 财经界, 2014 (1): 275.

[60] 赵龙. 企业改制中税收流失问题的分析 [J]. 商业经济, 2006 (9): 29-31.

[61] 郑小碧, 刘广. 专业市场与电子商务联动发展的演化路径研究——以义乌中国小商品城为例 [J]. 华东经济管理, 2013, 27 (7): 20-24.

[62] 郑雪芳. 浅谈国企改制中的税收问题 [J]. 中国农业会计, 2000 (7): 25.

[63] 朱江涛. 运用"互联网+"思维破解出口骗税难题 [J]. 税务研究, 2016 (5): 22-27.

[64] Aizenman J., Jinjarak Y.. The collection efficiency of the value added tax: Theory and international evidence [EB/OL]. [2013-02-25]. Working Paper 11539.

[65] Eichfelder S., Kegels C.. Compliance costs caused by agency action? Empirical evidence and implications for tax compliance [J]. Journal of Economic Psychol-

ogy, 2014 (40): 200 – 219.

[66] Franzoni L. A.. Amnesties, settlements and optimal tax enforcement [J]. Economica, 2000, 67 (266): 153 – 176.

[67] Lewis B. D.. Local government taxation: An analysis of administrative cost inefficiency [J]. Bulletin of Indonesian Economic Studies, Volume, 2006 (2): 213 – 233.

[68] Petty W.. A Treatise of Taxes & Contributions [M]. McMaster University Archive for the History of Economic Thought, 2004.

[69] Raghbendra J., Mohanty M. S., Chatterjee S., et al. Tax efficiency in selected Indian states [J]. Empirical Economics, 1999 (24): 641 – 654.

[70] Smith A.. An inquiry into the nature and causes of the wealth of nations/ [M]. Liberty Classics, 1976.

[71] Stanford C.. Hidden costs of taxation [M]. London: Institute of Fiscal Studies, 1973.

[72] Vlassenko I.. Evaluation of the efficiency and fairness of British, French and Swedish property tax systems [J]. Property Management, 2001, 19 (5): 384 – 416.

[73] Wagner A.. Finanzwissenschaft, Leipzig, see Richard A. Musgrave and Alan T. Peacock (eds) [J]. Classics in the Theory of Public Finance, 1877.

[74] Wells B., Wilczynski M.. Tax-effective methods to finance Latin American operations [J]. Int'l Tax J., 2002 (28): 21.

附 录

附录1：《中华人民共和国企业所得税法》相关条款（节选）

第一条

在中华人民共和国境内，企业和其他取得收入的组织（以下统称企业）为企业所得税的纳税人，依照本法的规定缴纳企业所得税。个人独资企业、合伙企业不适用本法。

第五条

企业每一纳税年度的收入总额，减除不征税收入、免税收入、各项扣除以及允许弥补的以前年度亏损后的余额，为应纳税所得额。

第六条

企业以货币形式和非货币形式从各种来源取得的收入，为收入总额。包括：

（一）销售货物收入；

（二）提供劳务收入；

（三）转让财产收入；

（四）股息、红利等权益性投资收益；

（五）利息收入；

（六）租金收入；

（七）特许权使用费收入；

（八）接受捐赠收入；

（九）其他收入。

第七条

收入总额中的下列收入为不征税收入：

（一）财政拨款；

（二）依法收取并纳入财政管理的行政事业性收费、政府性基金；

（三）国务院规定的其他不征税收入。

第二十一条

在计算应纳税所得额时，企业财务、会计处理办法与税收法律、行政法规的规定不一致的，应当依照税收法律、行政法规的规定计算。

附录2：《中华人民共和国税收征收管理法》相关条款（节选）

第四条

法律、行政法规规定负有纳税义务的单位和个人为纳税人。

法律、行政法规规定负有代扣代缴、代收代缴税款义务的单位和个人为扣缴义务人。

纳税人、扣缴义务人必须依照法律、行政法规的规定缴纳税款、代扣代缴、代收代缴税款。

第三十二条

纳税人未按照规定期限缴纳税款的，扣缴义务人未按照规定期限解缴税款的，税务部门除责令限期缴纳外，从滞纳税款之日起，按日加收滞纳税款万分之五的滞纳金。

第六十三条

纳税人伪造、变造、隐匿、擅自销毁账簿、记账凭证，或者在账簿上多列支出或者不列、少列收入，或者经税务部门通知申报而拒不申报或者进行虚假的纳税申报，不缴或者少缴应纳税款的，是偷税。对纳税人偷税的，由税务部门追缴其不缴或者少缴的税款、滞纳金，并处不缴或者少缴的税款百分之五十以上五倍以下的罚款；构成犯罪的，依法追究刑事责任。

扣缴义务人采取前款所列手段，不缴或者少缴已扣、已收税款，由税务部门追缴其不缴或者少缴的税款、滞纳金，并处不缴或者少缴的税款百分之五十以上五倍以下的罚款；构成犯罪的，依法追究刑事责任。

第六十四条

纳税人、扣缴义务人编造虚假计税依据的，由税务部门责令限期改正，并处五万元以下的罚款。

纳税人不进行纳税申报，不缴或者少缴应纳税款的，由税务部门追缴其不缴或者少缴的税款、滞纳金，并处不缴或者少缴的税款百分之五十以上五倍以下的罚款。

第六十八条

纳税人、扣缴义务人在规定期限内不缴或者少缴应纳或者应解缴的税款，经税务部门责令限期缴纳，逾期仍未缴纳的，税务部门除依照本法第四十条的规定采取强制执行措施追缴其不缴或者少缴的税款外，可以处不缴或者少缴的税款百分之五十以上五倍以下的罚款。

附录3：60个专业市场

序号	市场名称	序号	市场名称
1	黄台茶城	23	北白鹤市场
2	安邦电动车销售有限公司	24	富雅家具市场
3	柏宁水族市场	25	红星美凯龙市场
4	春秋鼎市场	26	晨安商贸公司
5	凤凰山酒水有限公司	27	诚达包装印务工艺品市场
6	凤凰山商贸有限公司	28	济南窗帘城
7	国际五金机电城	29	东亚家具商城
8	黄台不锈钢市场	30	富莱花卉批发市场
9	黄台茶叶批发市场	31	济南洁具市场
10	黄台家居市场	32	洛口服装批发市场
11	柳行物业管理有限责任公司	33	济南五金批发市场
12	明鑫市场管理公司	34	五金卫浴用品市场
13	富雅地板城	35	银座家居
14	济南铝材批发市场	36	中恒实业
15	济南鞋类批发市场	37	济南装饰材料批发市场
16	滨河天成潮河汇	38	建华五金机电市场
17	缤纷五洲大厦	39	金牛建材市场
18	堤口果品批发市场	40	绿地摄影器材市场
19	黄台装饰材料商城	41	齐鲁鞋城
20	汇工眼镜市场	42	山东厨具一条街
21	佳兴家纺城	43	金弘石材市场
22	佳涌眼镜市场	44	旧机动车交易市场

续表

序号	市场名称	序号	市场名称
45	山东摩托车大世界	53	新欧亚机电设备公司
46	山东省灯具批发市场	54	居然之家北园店
47	鑫源市场	55	欧亚达家居北园店
48	银座家具批发市场	56	白鹤灯具广场
49	之江商城	57	大明家居
50	三孔桥纺织品市场	58	山东通讯城
51	药王楼商城	59	银座家居展览中心
52	西门电子有限公司	60	山东装饰城

附录4：调查问卷

Ⅰ．对天桥区委、区政府的调研问卷

您好！

我们来自专业化市场经济税源分析调研小组，为了解区委、区政府对专业化市场的经济发展和税务工作的意见建议，特开展此次问卷调查。敬请畅所欲言，非常感谢您的大力支持！

1. 当前我区专业化市场转型的方向是什么？（　　）

A. 市场主体以公司、企业为主，彻底改变作坊式、摊位式的营销模式

B. 一些市场实现功能创新，向物流、配货、分拨中心发展

C. 将一些市场整体迁移到城区之外，既降低市场经营成本，又为城区发展创造新的机遇

D. 抓住电商业务大发展的机遇，引导专业化市场走品牌化、信息化和平台化之路

2. 当前我区在发展专业化市场方面是否有总体规划和具体的专项决策？

A. 是　（请具体说明＿＿＿＿＿＿＿＿＿＿＿＿＿＿＿＿＿＿＿＿）

B. 否

3. 当前区委、区政府对专业化市场经济发展最关注的焦点（单选）：

A. 发展速度

B. 税收贡献率

C. 对就业的拉动作用

D. 维持社会稳定

E. 其他_____

4. 当前区委、区政府对专业化市场税收最关心的是什么（单选）：

A. 税收贡献率

B. 税收负担水平

C. 税务机关征管水平

D. 其他_____

5. 区委、区政府认为税务机关在市场管理方面存在哪些问题（多选）：

A. 税收收入问题

B. 税源管理问题

C. 综合治税问题

D. 依法治税问题

E. 其他问题_____

F. 没有问题

6. 区委、区政府对专业化市场发展模式展望（单选）：

A. 传统商业模式

B. 电子商务模式

C. 传统商业为主，电子商务为辅

D. 电子商务为主，传统商业为辅

7. 依托此次经济税收调研，区委、区政府想获取哪些系统化信息（多选）：

A. 市场税源结构

B. 税收管理现状

C. 税收增长潜力

D. 在增加专业化市场税收方面，政府可以有何作为

E. 其他

8. 税款增收潜力（在现有基础上还能增加的百分比）估计：

A. 5%以下

B. 5%~10%

C. 10%~20%

D. 20%以上

9. 对于电商征税持何态度：

A. 支持

B. 反对

C. 中立

10. 区委、区政府对此次经济税收调研有何其他意见建议：

_____

_____

Ⅱ. 对天桥区协税护税部门的调研问卷

您好！

我们来自专业化市场经济税源分析调研小组，为了解相关部门对此次调研的意见建议，特开展此次问卷调查。本次调查以不记名的方式进行，您的宝贵意见将有助于此次调研的顺利开展，敬请畅所欲言，非常感谢您的大力支持！

第一部分　基本信息

1. 所在单位_____

2. 所在科室_____

3. 职务_____

4. 年龄_____

5. 性别　　　A. 男　　　B. 女

第二部分

1. 贵单位对专业化市场各商户掌握的信息包括以下哪些方面？（多选）

A. 经营面积

B. 从业人员

C. 所缴房租

D. 经营方式（包括是否存在电商经营）

E. 营业额

F. 工商登记情况

G. 业户缴纳的各项费用

H. 其他（请说明：_____）

2. 是否与天桥区国税签订委托代征协议、代征税款？

A. 是，已经签订并执行

B. 尚未签订并准备签订

C. 否

3. 是否专门设立代征点？

A. 是，已经设立

B. 尚未设立但准备设立

C. 否

4. 若代征税款，在代征过程中主要面临哪些问题？（多选）

A. 纳税意识差

B. 阳光评税难

C. 协调难度大

D. 强制措施少

E. 其他（请说明：_____）

5. 各部门在协税护税方面已经采取的措施有哪些？（多选）

A. 聘任或培训协税员专门负责相关工作

B. 对辖区企业、个体商户进行调查摸底，全面掌握辖区税源

C. 设立税务政策宣传咨询点，定时宣传税务政策

D. 掌握企业的动态和生产经营状况，询问企业的需求，加强对企业的服务

E. 其他（请说明：_____）

6. 对提高开展代征协管工作的积极性的建议有哪些？

A. 代征手续费及时发放到位

B. 区政府应对代征工作完成好的单位给予补贴或奖励

C. 成立专门的协税护税办公室组织协调工作

D. 对商户进行相应的政策普及

E. 建立健全综合治税考核奖惩机制

F. 其他（请说明：_____）

Ⅲ. 天桥区专业化市场调查问卷

尊敬的先生/女士

您好！我们现在正开展一项针对市场业户经营情况的调查，希望您能协助填写这份调查问卷。在此，我们郑重承诺，调查结果仅供研究使用，保证不泄露业

户的隐私，在调研报告中不出现业户姓名，不会令您产生任何物质损失。请不必顾虑，根据实际情况填答问卷，您的看法和建议对我们而言相当重要。

感谢您的大力支持与合作！

以下问题如无特殊标明，都为单选题

第一部分　基本信息

1. 您在市场经营的时间（　　　）。

　A. 1年以内　B. 1~2年　C. 3~5年　D. 5年以上

2. 您所从事的行业是（　　　）。

　A. 工业　B. 农林牧渔业　C. 建筑业　D. 交通运输、仓储和邮政业　E. 批发和零售业　F. 住宿和餐饮业　G. 房地产业　H. 租赁和商务服务业　I. 其他

　主营业务是_____

3. 您的经营模式是（　　　）。

　A. 厂家直营　B. 经销商　C. 代理商　D. 加盟商　E. 其他

4. 营业店铺面积大约（　　　）。

　A. 10平方米以下　B. 10~30平方米　C. 31~60平方米　D. 61~90平方米　E. 91~120平方米　F. 121~200平方米　G. 200平方米以上

5. 客户主要来源（　　　）。（可多选）

　A. 济南本地　B. 济南周边县市区　C. 山东省内其他地区　D. 其他省份　E. 港澳台地区　F. 国外

6. 您的销售渠道包括（　　　）。（可多选）

　A. 批发商　B. 代理商　C. 零售商　D. 连锁经营　E. 特许经营　F. 生产企业自营销售组织　G. 网上直销

7. 所经营产品档次（　　　）。

　A. 高档　B. 中高档　C. 中档　D. 中低档　E. 低档

8. 您认为您的经营优势是什么？（　　　）（可多选）

　A. 品牌效应　B. 税收优惠政策　C. 市场管理规范　D. 市场配套服务完善　E. 经营成本低廉　F. 地理位置好　G. 交通便捷　H. 人才资源丰富　I. 其他

第二部分　成本调查

9. 您每月销售收入约为（　　　）。

A. 1 万元以下　B. 1 万～10 万　C. 10 万～30 万　D. 30 万以上

10. 近年来销售额变化趋势（　　　）。

A. 稳步增长　B. 变化不大　C. 不断下降

11. 每月经营开销主要是（　　　）。（可多选）

A. 租金　B. 水电费　C. 人工费　D. 仓储费　E. 运输费　F. 其他费用

12. 每月缴纳租金和摊位费金额（　　　）。

A. 1 000 元以下　B. 1 000～3 000 元　C. 3 000～5 000 元　D. 5 000 元以上

13. 每月缴纳税费的种类数量（　　　）。

A. 1 种　B. 2～5 种　C. 6～10 种　D. 10 种以上

14. 您是否享有税收优惠政策？_____（是　否）享有程度？（　　）

A. 无　B. 很少享有　C. 一般享有　D. 享受较多

15. 您每月生产和生活支出约占每月销售收入的百分比（　　　）。

A. 5%以下　B. 5%～10%　C. 10%～30%　D. 30%～50%　E. 50%以上

16. 据您了解，本区税负相比与其他地区，税负程度如何？（　　　）

A. 相对很低　B. 相对较低　C. 持平　D. 相对较高　E. 相对很高

17. 您认为税务机关征收税额的标准是否公平合理（　　　）。

A. 非常合理　B. 较合理　C. 不太合理　D. 非常不合理

18. 对当前经营状况满意度描述（　　　）。

A. 十分满意　B. 满意　C. 基本满意　D. 不满意　E. 十分不满意

第三部分　电子商务

19. 您是否通过互联网销售或有其他线上业务？（　　　）

A. 有　B. 没有

20. 您是否有明确的电子商务规划（　　　）。

A. 有，已规划并逐步实施　B. 有，但不正式　C. 正在计划　D. 没有，也没有计划

21. 您认为电子商务业务是否对市场的传统业务造成了冲击，冲击程度如何？（　　　）

A. 无　B. 较小　C. 小　D. 较大　E. 很大

22. 与之前相比，电子商务对销售额影响大吗？（　　　）

A. 十分大　B. 很大　C. 一般　D. 不太大　E. 一点不影响

23. 您是否加入了某个电商平台（如淘宝、京东等）？（   ）

　　A. 是　B. 否

第四部分　其他

24. 您认为市场业户的发展需要政府部门在哪些方面给予支持？

	非常重要	很重要	一般	不太重要	无所谓
A. 完善法律法规	5	4	3	2	1
B. 降低税负	5	4	3	2	1
C. 完善运输基础设施	5	4	3	2	1
D. 组织行业联盟	5	4	3	2	1
E. 加强税收征管力度	5	4	3	2	1
F. 为业户联系或打造电商平台	5	4	3	2	1

25. 您认为天桥区专业化市场经营是否具有发展前景（   ）。

　　A. 极具发展前景　B. 具有发展前景　C. 一般　D. 不具有发展前景　E. 根本不具有发展前景

26. 您认为在专业化市场发展方面还存在哪些问题？（   ）（可多选）

　　A. 恶性价格竞争

　　B. 房租税费等经营成本逐步抬升

　　C. 招工难，各类人才缺失

　　D. 市场布局和规划不合理

　　E. 假冒伪劣产品扰乱市场

　　F. 物流、金融、交易配套支持不足

　　G. 市场管理和服务不规范

　　H. 税费优惠政策少

　　I. 其他

27. 未来3年内，如果有机会，是否会选择搬到其他城区（   ）。

　　A. 是　B. 否

28. 在国家简化公司注册程序并对小微企业提供大量税收优惠政策的背景下，您是否愿意升格为一般纳税人？（   ）

　　A. 愿意　B. 不愿意

29. 您对税收工作有什么建议和看法？